EXORTAÇÃO APOSTÓLICA

PÓS-SINODAL

PASTORES DADO VOBIS

DE SUA SANTIDADE

JOÃO PAULO II

AO EPISCOPADO

AO CLERO E AOS FIÉIS

SOBRE A FORMAÇÃO DOS SACERDOTES

NAS CIRCUNSTÂNCIAS ATUAIS

8ª edição – 2009
6ª reimpressão – 2022

Nenhuma parte desta obra poderá ser reproduzida ou transmitida por qualquer forma e/ou quaisquer meios (eletrônico ou mecânico, incluindo fotocópia e gravação) ou arquivada em qualquer sistema ou banco de dados sem permissão escrita da Editora. Direitos reservados.

Paulinas
Rua Dona Inácia Uchoa, 62
04110-020 – São Paulo – SP (Brasil)
Tel.: (11) 2125-3500
http://www.paulinas.com.br – editora@paulinas.com.br
Telemarketing e SAC: 0800-7010081

© Pia Sociedade Filhas de São Paulo – São Paulo, 1992

INTRODUÇÃO

1. «DAR-VOS-EI PASTORES segundo o meu coração» (*Jr* 3,15).

Com estas palavras do profeta Jeremias, Deus promete ao seu povo que jamais o deixará privado de pastores que o reúnam e guiem: «Eu estabelecerei para elas (as minhas ovelhas) pastores, que as apascentarão, de sorte que não mais deverão temer ou amedrontar-se» (*Jr* 23,4).

A Igreja, Povo de Deus, experimenta continuamente a realização deste anúncio profético e, na alegria, continua a dar graças ao Senhor. Ela sabe que o próprio Jesus Cristo é o cumprimento vivo, supremo e definitivo da promessa de Deus: «Eu sou o Bom Pastor» (*Jo* 10,11). Ele, «o grande Pastor das ovelhas» (*Hb* 13,20), confiou aos apóstolos e aos seus sucessores o ministério de apascentar o rebanho de Deus (cf. *Jo* 21,15-17; *1Pd* 5,2).

Sem sacerdotes, de fato, a Igreja não poderia viver aquela fundamental obediência que está no próprio coração de sua existência e de sua missão na história — a obediência à ordem de Jesus: «Ide, pois, ensinai todas as nações» (*Mt* 28,19) e «Fazei isto em minha memória» (*Lc* 22,19; cf. *1Cor* 11,24), ou seja, a ordem de anunciar o Evangelho e de renovar todos os dias o sacrifício do seu Corpo entregue e do seu Sangue derramado pela vida do mundo.

Pela fé, sabemos que a promessa do Senhor não pode deixar de cumprir-se. Esta promessa é exatamente a razão e a força que faz a Igreja alegrar-se perante o florescimento e o aumento numérico das vocações sacerdotais, que hoje se regista em algumas partes do mundo, e representa o fundamento e o estímulo para um seu ato de maior fé e de esperança mais viva, diante da grave escassez de sacerdotes que pesa noutras partes.

Todos somos chamados a partilhar a confiança plena no ininterrupto cumprimento da promessa de Deus, que os Padres sinodais quiseram testemunhar, de modo claro e veemente: «O Sínodo, com plena confiança na promessa de Cristo que disse: "Eis que estarei convosco todos os dias até ao fim do mundo" (*Mt* 28,20) e ciente da atividade constante do Espírito Santo na Igreja, intimamente crê que nunca faltarão completamente na Igreja os ministros sagrados (...). Apesar de se verificar escassez de clero em várias regiões, a ação do Pai, que suscita as vocações, jamais cessará na Igreja».[1]

Como afirmei na conclusão do Sínodo, perante a crise das vocações sacerdotais, «a primeira resposta que a Igreja dá, consiste num ato de confiança total no Espírito Santo. Estamos profundamente convictos de que este abandono confiante não há-de decepcionar, se entretanto permanecermos fiéis à graça recebida».[2]

---

1 *Propositio* 2.

2 Discurso final do Sínodo (27 de Outubro de 1990), 5: *L'Osservatore Romano*, 28/10/1990.

2. Permanecer fiéis à graça recebida! De fato, o dom de Deus não anula a liberdade do homem, antes a suscita, desenvolve e exige.

Por este motivo, a confiança total na incondicionada fidelidade de Deus à sua promessa está ligada, na Igreja, à grave responsabilidade de colaborar com a ação de Deus que chama, de contribuir para criar e manter as condições nas quais a boa semente, semeada pelo Senhor, possa criar raízes e dar frutos abundantes. A Igreja nunca pode deixar de pedir ao Senhor da messe que mande operários para a sua messe (cf. *Mt* 9,38), de dirigir uma clara e corajosa proposta vocacional às novas gerações, de as ajudar a discernir a verdade do chamado de Deus e a corresponder-lhe com generosidade, e de reservar um cuidado particular à formação dos candidatos ao presbiterado.

Na verdade, a formação dos futuros sacerdotes, tanto diocesanos como religiosos, e o assíduo cuidado, mantido ao longo de toda a vida, em vista de sua santificação pessoal no ministério e da atualização constante em seu empenho pastoral, é considerado pela Igreja como uma das tarefas de maior delicadeza e importância para o futuro da evangelização da humanidade.

Esta obra formadora da Igreja é uma continuação, no tempo, da obra de Cristo, que o evangelista Marcos indica com as seguintes palavras: «Jesus subiu a um monte e chamou os que ele quis. E foram ter com ele. Elegeu 12 para andarem com ele e para os enviar a pregar, com o poder de expulsar demônios» (*Mc* 3,13-15).

Pode-se afirmar que, em sua história, a Igreja reviveu sempre, embora com intensidades e modalidades diversas, esta página do Evangelho, mediante a obra formadora reservada aos candidatos ao presbiterado e aos próprios sacerdotes. Hoje, porém, a Igreja sente-se chamada a reviver com um novo empenho tudo quanto o Mestre fez com os seus apóstolos, solicitada como é pelas profundas e rápidas transformações das sociedades e das culturas do nosso tempo, pela multiplicidade e diversidade dos contextos em que anuncia e testemunha o Evangelho, pelo favorável desenvolvimento numérico das vocações sacerdotais que se regista em diversas dioceses do mundo, pela urgência de uma nova constatação dos conteúdos e dos métodos da formação sacerdotal, pela preocupação dos bispos e de suas comunidades com a persistente escassez de clero, pela absoluta necessidade de que a «nova evangelização» tenha nos sacerdotes os seus primeiros «novos evangelizadores».

Foi precisamente neste contexto histórico e cultural que se colocou a última Assembléia Geral Ordinária do Sínodo dos Bispos, dedicada à «Formação dos Sacerdotes nas circunstâncias atuais», com a intenção de, à distância de 25 anos do final do Concílio, dar cumprimento à doutrina conciliar sobre esta matéria e torná-la mais atual e incisiva nas circunstâncias hodiernas.[3]

---

63 Cf. *Propositio* 1.

3. Em continuidade com os textos do Concílio Vaticano II sobre a ordem dos presbíteros e sua formação,[4] e procurando aplicar às várias situações a rica e respeitável doutrina, a Igreja enfrentou várias vezes os problemas da vida, do ministério e da formação dos sacerdotes.

As ocasiões mais solenes foram os Sínodos dos Bispos. Já na primeira Assembléia Geral, realizada em outubro de 1967, o Sínodo dedicou cinco congregações gerais ao tema da renovação dos Seminários. Este trabalho deu impulso decisivo à elaboração, pela Congregação para a Educação Católica, do documento «Normas Fundamentais para a Formação Sacerdotal».[5]

Foi, sobretudo, a Segunda Assembléia Geral Ordinária de 1971 a dedicar metade dos seus trabalhos ao sacerdócio ministerial. Os frutos deste longo confronto sinodal, retomados e condensados em algumas «recomendações» confiadas ao meu predecessor, o Papa Paulo VI, e lidas na abertura do Sínodo de 1974, diziam respeito principalmente à doutrina sobre o sacerdócio ministerial e a alguns aspectos da espiritualidade e do ministério sacerdotal.

Também em muitas outras ocasiões, o Magistério da Igreja continuou a testemunhar a sua solicitude pela vida e pelo ministério dos sacerdotes. Pode-se dizer que, nos anos do pós-Concílio, não houve intervenção magisterial que, em alguma medida não tenha contem-

---

4 Cf. Const. dogm. sobre a Igreja, *Lumen Gentium* 28; Decreto sobre o Ministério e a Vida dos Sacerdotes, *Presbyterorum Ordinis;* Decreto sobre a Formação Sacerdotal, *Optatam Totius.*

5 *Ratio Fundamentalis Institutionis Sacerdotalis* (6 de Janeiro de 1970): *AAS* 62 (1970) 321-384.

plado, de modo explícito ou implícito, o sentido da presença dos sacerdotes na comunidade, seu papel e sua necessidade para a Igreja e para a vida do mundo.

Nestes anos mais recentes, e de vários lugares, chamou-se a atenção para a necessidade de voltar ao tema do sacerdócio, enfrentando-o de um ponto de vista relativamente novo e mais adaptado às presentes circunstâncias eclesiais e culturais. O acento deslocou-se do problema da identidade do padre para os problemas relacionados com o itinerário formativo ao presbiterado e com a qualidade de vida dos sacerdotes. Na realidade, as novas gerações dos chamados ao sacerdócio ministerial apresentam características notavelmente distintas com relação às dos seus imediatos predecessores, e vivem num mundo, em muitos aspectos, novo e em contínua e rápida evolução. E não se pode deixar de ter em conta tudo isto na programação e na realização dos itinerários educativos para o sacerdócio ministerial.

Além disso, os sacerdotes já empenhados, há um tempo mais ou menos longo, no exercício do ministério, parecem hoje sofrer de excessiva dispersão nas sempre crescentes atividades pastorais, e, perante as dificuldades da sociedade e da cultura contemporânea, sentem-se constrangidos a repensar o seu estilo de vida e as prioridades das tarefas pastorais, enquanto cada vez mais se dão conta da necessidade de uma formação permanente.

Por isso, as preocupações e as reflexões deste Sínodo dos Bispos, de 1990, foram dedicadas ao incremento das vocações ao presbiterado, à sua formação para que os candidatos conheçam e sigam Jesus preparando-se para celebrar e viver o sacramento da Ordem que os configura a Cristo, Cabeça e Pastor, Servo e Esposo da Igreja, à especificação dos itinerários de formação permanente capazes de ajudar, de modo realista e eficaz, o ministério e a vida espiritual dos sacerdotes.

Pretendia-se, também, responder a um pedido feito pelo Sínodo precedente sobre a vocação e missão dos leigos na Igreja e no mundo. É que os próprios leigos tinham solicitado o empenho dos sacerdotes na formação, para serem oportunamente ajudados no cumprimento de sua missão eclesial. Na verdade, «quanto mais se desenvolve o apostolado dos leigos, tanto mais fortemente é sentida a necessidade de ter sacerdotes que sejam bem formados, sacerdotes santos. Assim, a própria vida do Povo de Deus manifesta o ensinamento do Concílio Vaticano II sobre a relação entre o sacerdócio comum e o sacerdócio ministerial ou hierárquico. Pois, no mistério da Igreja, a hierarquia tem um carácter ministerial (cf. *Lumen Gentium*, 10). Quanto mais se aprofunda o sentido da vocação própria dos leigos, tanto mais se evidencia o que é próprio do sacerdócio».[6]

4. Na vivência eclesial típica do Sínodo, isto é, «uma singular experiência de comunhão episcopal na universalidade, que reforça o sentido da Igreja universal, a responsabilidade dos bispos perante a Igreja universal e sua missão, em comunhão afetiva e efetiva ao redor de Pedro»,[7] fez-se sentir, clara e diligente, *a voz das diversas Igrejas particulares,* e neste Sínodo, pela primeira

6 *Discurso* final ao Sínodo (27 de Outubro de 1990), 3: *l. c.*
7 *Ibid,* 1: *l. c.*

vez, a de algumas Igrejas do Leste, proclamando a sua fé no cumprimento da promessa de Deus: «Dar-vos-ei pastores segundo o meu coração» (*Jr* 3,15), e renovando o seu empenho pastoral no cuidado das vocações e na formação dos sacerdotes, conscientes de que delas depende o futuro da Igreja, o seu desenvolvimento e a sua missão universal de salvação.

Retomando, agora, o rico patrimônio das reflexões, orientações e indicações que prepararam e acompanharam os trabalhos dos Padres sinodais, com esta Exortação Apostólica Pós-Sinodal uno à deles a minha voz de bispo de Roma e de sucessor de Pedro e dirijo-a ao coração de todos e cada um dos fiéis, em particular ao coração dos sacerdotes e de quantos estão comprometidos no delicado ministério de sua formação. Sim, com *todos* os sacerdotes e com cada um deles, tanto diocesanos como religiosos, desejo encontrar-me, através desta Exortação.

Com os lábios e o coração dos Padres sinodais faço minhas as palavras e os sentimentos da *Mensagem final do Sínodo ao Povo de Deus:* «Com a alma reconhecida e cheia de admiração, dirigimo-nos a vós, que sois os nossos primeiros cooperadores no serviço apostólico. A vossa obra na Igreja é verdadeiramente necessária e insubstituível. Vós suportais o peso do ministério sacerdotal e tendes contato cotidiano com os fiéis. Sois os ministros da Eucaristia, os dispensadores da misericórdia divina no sacramento da Penitência, os consoladores das almas, os guias de todos os fiéis nas tempestuosas dificuldades da vida.

Saudamo-vos de todo o coração, vos exprimimos a nossa gratidão e exortamos a perseverar nesta via, com ânimo alegre e pronto. Não cedais ao desencorajamento. A obra não é nossa, mas de Deus.

Aquele que nos chamou e nos convidou, permanece conosco todos os dias de nossa vida. Nós, de fato, somos embaixadores de Cristo».[8]

---

[8] *Mensagem* dos Padres sinodais ao Povo de Deus (28 de Outubro de 1990), III: *L'Osservatore Romano*, 29-30/10/1990.

CAPÍTULO I

ESCOLHIDO DENTRE OS HOMENS

A FORMAÇÃO SACERDOTAL
PERANTE OS DESAFIOS DO FINAL
DO SEGUNDO MILÊNIO

O SACERDOTE NO SEU TEMPO

5. «Todo sumo sacerdote, escolhido dentre os homens, é constituído a favor dos homens nas coisas que dizem respeito a Deus» (*Hb* 5,1).

A *Carta aos Hebreus* afirma claramente a *«humanidade» do ministro de Deus:* ele vem dos homens e está ao serviço dos homens, imitando Jesus Cristo, «ele mesmo provado em todas as coisas, exceto no pecado» (*Hb* 4,15).

Deus chama sempre os seus sacerdotes, a partir de determinados contextos humanos e eclesiais, com os quais estão inevitavelmente conotados e aos quais são mandados para o serviço do Evangelho de Cristo.

Por este motivo o Sínodo «contextualizou» o tema dos sacerdotes, inserindo-o na Igreja e na sociedade de hoje em dia e abrindo-o às perspectivas do terceiro milênio, como, de resto, resulta da própria formulação do tema: «A formação dos sacerdotes *nas circunstâncias atuais*».

Certamente, há uma fisionomia essencial do sacerdote, que não muda: o padre de amanhã, não menos que o de hoje, deverá assemelhar-se a Cristo. Quando vivia na Terra, Jesus ofereceu em si mesmo o rosto definitivo do presbítero, realizando um sacerdócio ministerial do qual os apóstolos foram os primeiros a ser investidos; aquele é destinado a perdurar, a reproduzir-se incessantemente em todos os períodos da História. O presbítero do terceiro milênio será, neste sentido, o continuador dos padres que, nos precedentes milênios, animaram a vida da Igreja. Também no ano 2000, a vocação sacerdotal continuará a ser o chamamento a viver o único e permanente sacerdócio de Cristo».[9] Mas é igualmente certo que a vida e o ministério do sacerdote se deve «adaptar a cada época e a cada ambiente de vida (...). De nossa parte, devemos, por isso, procurar abrir-nos, o mais possível, à superior iluminação do Espírito Santo, para descobrir as orientações da sociedade contemporânea, reconhecer as necessidades espirituais mais profundas, determinar as tarefas concretas mais importantes, os métodos pastorais a adotar, e assim responder de modo adequado às expectativas humanas».[10]

Devendo conjugar a verdade permanente do ministério presbiteral com as solicitações e as características de hoje, os Padres sinodais procuraram responder a *algumas perguntas* necessárias: que problemas e, ao mesmo tempo, que estímulos positivos o atual contexto sociocultural e eclesial suscita nas crianças, nos adoles-

---

9 *Angelus* (14 de Janeiro de 1990), 2: *L'Osservatore Romano* 15-16/01/1990.
10 *Ibid.* 3: *l. c.*

centes e nos jovens que devem amadurecer um projeto de vida sacerdotal, para toda a existência? Que dificuldades e que novas possibilidades oferece o nosso tempo para o exercício de um ministério sacerdotal coerente com o dom do sacramento recebido e com a exigência de uma vida espiritual correspondente?

Proponho-vos, agora, alguns elementos de análise da situação que os Padres sinodais desenvolveram, bem consciente, porém, de que a grande variedade das circunstâncias socioculturais e eclesiais presentes nos diversos países aconselha a assinalar só os fenômenos mais profundos e mais difundidos, em particular os que se relacionam com os problemas educativos e com a formação sacerdotal.

O EVANGELHO HOJE:
ESPERANÇAS E OBSTÁCULOS

6. Múltiplos fatores parecem favorecer nos homens de hoje uma consciência mais amadurecida da dignidade da pessoa e uma nova abertura aos valores religiosos, ao Evangelho e ao ministério sacerdotal.

No âmbito da sociedade, encontramos, apesar de tantas contradições, uma sede de justiça e de paz mais forte e generalizada, um sentido mais vivo do cuidado do homem pela criação e pelo respeito da natureza, uma procura mais aberta da verdade e da tutela da dignidade humana, um empenho crescente, em muitas faixas da população mundial, por uma mais concreta solidariedade internacional e por uma nova ordem planetária, na liberdade e na justiça. Ao mesmo tempo que se desenvolve sempre mais o potencial de energias oferecido pelas ciências e pelas técnicas e se difunde a informação e a cultura, cresce também a exigência ética, isto é, a exigência do sentido existencial e, conseqüentemente, de uma objetiva escala de valores que permita estabelecer as possibilidades e os limites do progresso.

No campo mais estritamente religioso e cristão, caem os preconceitos ideológicos e a violenta obstrução ao anúncio dos valores espirituais e religiosos, enquanto surgem novas e inesperadas possibilidades para a evangelização e o reflorescimento da vida eclesial, em muitas partes do mundo. Nota-se, com efeito, uma crescente difusão do conhecimento das Sagradas Escrituras; uma vitalidade e força expansiva de muitas Igrejas jovens, com um papel cada vez mais importante na defesa e na promoção dos valores da pessoa e da vida humana; um esplêndido testemunho do martírio por parte das Igrejas do Centro-Leste europeu, como também o da fidelidade e coragem de outras Igrejas, que são ainda constrangidas a suportar perseguições e tribulações pela fé.[11]

O desejo de Deus e de um relacionamento vivo e significativo com ele apresenta-se hoje tão forte que, onde falta o autêntico anúncio do Evangelho de Jesus, favorece a difusão de formas de religiosidade sem Deus e de inúmeras seitas. A expansão destas, inclusive em alguns ambientes tradicionalmente cristãos, é, para todos os filhos da Igreja e para os sacerdotes em particular,

11 Cf. *Propositio* 3.

um constante motivo de exame de consciência sobre a credibilidade de seu testemunho do Evangelho, mas, ao mesmo tempo, é um sinal de quão profunda e generalizada ainda hoje é a procura de Deus.

7. Com estes e outros fatores positivos, encontram-se, porém, entrelaçados muitos elementos problemáticos ou negativos.

Apresenta-se ainda muito difundido o *racionalismo* que, em nome de uma concepção redutora da «ciência», torna insensível a razão humana ao encontro com a Revelação e com a transcendência divina.

Regista-se uma defesa exasperada da *subjetividade* da pessoa, que tende a fechá-la no individualismo, incapaz de verdadeiras relações humanas. Assim, muitos, sobretudo entre os adolescentes e os jovens, procuram compensar esta solidão com substitutivos de vária natureza, através de formas mais ou menos agudas de hedonismo e de fuga às responsabilidades; prisioneiros do instante fugaz, procuram «consumir» experiências individuais de forma mais forte e gratificante possível no plano das emoções e das sensações imediatas, encontrando-se, porém, inevitavelmente indiferentes e como que paralisados frente ao apelo de um projeto de vida que inclua uma dimensão espiritual e religiosa e um compromisso de solidariedade.

Além disso, difunde-se por toda a parte, mesmo depois da queda das ideologias que tinham feito do materialismo um dogma, e da recusa da religião um programa, uma espécie de *ateísmo prático e existencial,* que coincide com uma visão secularista da vida e do destino do homem. Este homem, «todo voltado para si mesmo, que se considera não só centro de todo o interesse, mas ousa dizer-se princípio e razão de toda a realidade»,[12] encontra-se sempre mais empobrecido daquele «suplemento de alma» que lhe é tanto mais necessário quanto mais uma larga disponibilidade de bens materiais e de recursos o ilude na auto-suficiência. Já não é necessário combater Deus, pensa-se simplesmente poder prescindir dele.

Neste quadro, refira-se, em particular, *a desagregação da realidade familiar e o obscurecimento ou a falsificação do verdadeiro sentido da sexualidade humana:* são fenômenos que incidem, de modo fortemente negativo, sobre a educação dos jovens e sobre sua disponibilidade para toda e qualquer vocação religiosa. Além disso, deve-se notar o agravamento das injustiças sociais e a concentração das riquezas nas mãos de poucos, como fruto de um capitalismo desumano,[13] que alarga cada vez mais a distância entre povos opulentos e povos indigentes: são deste modo introduzidas, na convivência humana, tensões e inquietações que perturbam profundamente a vida das pessoas e das comunidades.

Também no âmbito eclesial, registram-se fenômenos preocupantes e negativos que têm influência direta sobre a vida e o ministério dos sacerdotes. Assim, a ignorância religiosa que permanece em muitos crentes; a escassa incidência da catequese, sufocada pelas mais

---

12 PAULO VI, *Homilia* na IX Sessão Pública do Conc. Vaticano II (7 de Dezembro de 1965): *AAS* 58 (1966) 55.

13 Cf. *Propositio* 3.

difusas e persuasivas mensagens dos meios de comunicação de massa; o pluralismo teológico, cultural e pastoral mal compreendido que, embora partindo muitas vezes de boas intenções, acaba por tornar difícil o diálogo ecumênico e por atentar contra a necessária unidade da fé; o persistir de um sentido de desconfiança e quase insensibilidade para com o magistério hierárquico; as iniciativas unilaterais e redutoras das riquezas da mensagem evangélica, que transformam o anúncio e o testemunho da fé num exclusivo fator de libertação humana e social ou num alienante refúgio na superstição e na religiosidade sem Deus.[14]

Um fenômeno de grande relevo, ainda que relativamente recente em muitos países de antiga tradição cristã, é a presença de consistentes núcleos de raças e de religiões diferentes num mesmo território. Desenvolve-se, assim, cada vez mais, a sociedade multi-racial e multi-religiosa. Se isto, por um lado, pode ser ocasião para um exercício de diálogo mais freqüente e frutuoso, para uma abertura de mentalidade, para experiências de acolhimento e de justa tolerância, por outro pode ser causa de confusão e relativismo, sobretudo em pessoas e populações de fé menos amadurecida.

A estes fatores, e em estreita ligação com o crescimento do individualismo, acrescenta-se o fenômeno da *subjetivização da fé*. Com efeito, num crescente número de cristãos nota-se uma menor sensibilidade ao conjunto global e objetivo da doutrina da fé, em favor de uma adesão subjetiva ao que agrada, que corresponde à pró-

14 Cf. *Ibid.*

pria experiência, que não incomoda os próprios hábitos. Até o apelo à inviolabilidade da consciência individual, legítimo em si mesmo, não deixa de assumir, neste contexto, um perigoso carácter de ambigüidade.

Daqui deriva também o fenômeno de *pertenças à Igreja* cada vez mais parciais e condicionadas, que exercem influência negativa sobre o ressurgimento de novas vocações ao sacerdócio, sobre a própria autoconsciência do sacerdote e sobre o seu ministério na comunidade.

Enfim, em muitas realidades eclesiais, é, ainda hoje, a escassa presença e disponibilidade das forças sacerdotais a criar os problemas mais graves. Os fiéis estão abandonados, por vezes durante longos períodos, sem o adequado apoio pastoral: disso se vem a ressentir o crescimento da vida cristã no seu conjunto, e sobretudo a sua capacidade de se tornarem ulteriormente promotores de evangelização.

OS JOVENS PERANTE A VOCAÇÃO E A FORMAÇÃO SACERDOTAL

8. As numerosas contradições e potencialidades que marcam as nossas sociedades e culturas e, ao mesmo tempo, as nossas comunidades eclesiais, são percebidas, vividas e experimentadas com uma intensidade muito particular pelo mundo dos jovens, com repercussões imediatas e incisivas sobre o seu caminho educativo. Deste modo, a aparição e o desenvolvimento da vocação sacerdotal nas crianças, nos adolescentes e nos jovens debate-se simultaneamente com obstáculos e solicitações.

É muito forte sobre os jovens *o fascínio da chamada «sociedade de consumo»*, que os torna submissos e prisioneiros de uma interpretação individualista, materialista e hedonista da existência humana. O «bem-estar», entendido materialmente, tende a impor-se como único ideal de vida, um bem-estar que se obtém a qualquer preço: daqui, a recusa de tudo o que exige sacrifício e a renúncia a procurar e a viver os valores espirituais e religiosos. A «preocupação» exclusiva do *ter* suplanta o primado do *ser,* com a conseqüência de se interpretarem e viverem os valores pessoais e interpessoais não segundo a lógica do dom e da gratuidade, mas segundo a lógica da posse egoísta e da instrumentalização do outro.

Isto reflete-se particularmente sobre a *visão da sexualidade humana,* que perde a sua dignidade de serviço à comunhão e à doação entre as pessoas, para ficar reduzida simplesmente a um bem de consumo. Assim, a experiência afetiva de muitos jovens resolve-se não num crescimento harmonioso e alegre da própria personalidade que se abre ao outro no dom de si mesmo, mas numa grave involução psicológica e ética, que não poderá deixar de ter graves condicionamentos sobre o amanhã dos jovens.

Na raiz destas tendências, está em muitos deles uma *experiência distorcida da liberdade:* em vez de ser obediência à verdade objetiva e universal, a liberdade é vivida como adesão cega às forças do instinto e à vontade de poder de cada um. Torna-se, então de algum modo, natural, no plano da mentalidade e do comportamento, o desmoronar-se do consenso sobre os princípios éticos e, no plano religioso, se não sempre a recusa explícita de Deus, pelo menos uma larga indiferença e, em todo o caso, uma vida que, mesmo nos seus momentos mais significativos e nas suas opções mais decisivas, acaba por ser construída como se Deus não existisse. Num tal contexto, torna-se difícil não só a realização, mas inclusive a própria compreensão do sentido de uma vocação ao sacerdócio, que é um específico testemunho do primado do ser sobre o ter, é reconhecimento do sentido da vida como dom livre e responsável de si mesmo aos outros, como disponibilidade para colocar-se inteiramente como sacerdote ao serviço do Evangelho e do Reino de Deus.

Também no âmbito eclesial, o mundo dos jovens constitui, tantas vezes, um «problema». Dado que neles, ainda mais que nos adultos, está presente uma forte tendência para a subjetivização da fé cristã e uma pertença apenas parcial e condicionada à vida e à missão da Igreja, torna-se difícil, por uma série de razões, lançar, na comunidade eclesial, uma pastoral juvenil atualizada e corajosa: corre-se o risco de deixar os jovens entregues a si mesmos, na sua fragilidade psicológica, insatisfeitos e críticos perante um mundo de adultos que, não vivendo de modo coerente e maduro a sua fé, não se lhes apresentam como modelos credíveis.

Torna-se, então, evidente a dificuldade de propor aos jovens uma experiência integral e envolvente de vida cristã e eclesial e de os educar para ela. Assim, a perspectiva da vocação ao sacerdócio permanece longínqua dos seus interesses concretos e vivos.

9. Todavia, não faltam situações e estímulos positivos, que suscitam e alimentam no coração dos adolescentes e dos jovens uma nova disponibilidade, isto é, uma procura verdadeira e própria de valores éticos e espirituais que, pela sua natureza, oferecem o terreno propício para um itinerário vocacional em vista do dom total de si a Cristo e à Igreja no sacerdócio.

É de se acentuar, antes de mais, como se atenuaram alguns fenômenos que, num passado recente, tinham provocado não poucos problemas, tais como a contestação radical, os impulsos anárquicos, as reivindicações utópicas, as formas indiscriminadas de socialização, a violência.

Deve-se reconhecer, além disso, que os jovens de hoje, com a força e a pujança típicas da idade, são portadores dos ideais que fazem caminho na História: a sede da liberdade, o reconhecimento do valor incomensurável da pessoa, a necessidade de autenticidade e de transparência, um novo conceito e estilo de reciprocidade nas relações entre homem e mulher, a procura sincera e apaixonada de um mundo mais justo, solidário e unido, a abertura e o diálogo com todos, o empenho a favor da paz.

O desenvolvimento, tão rico e vivo em muitos jovens do nosso tempo, de numerosas e variadas formas de voluntariado presente nas situações mais esquecidas e difíceis da nossa sociedade, representa, hoje, um recurso educativo particularmente importante, porque estimula e ajuda os jovens a um estilo de vida mais desinteressado, aberto e solidário com os pobres. Isto pode facilitar a compreensão, o desejo e o acolhimento de uma vocação para o serviço estável e total aos outros, no caminho da plena consagração a Deus por uma vida sacerdotal.

A queda recente das ideologias, o modo fortemente crítico de situar-se frente ao mundo dos adultos que nem sempre oferecem um testemunho de vida apoiado em valores morais e transcendentes, a própria experiência dos companheiros que procuram evasões na droga e na violência, muito contribui para tornar mais aguda e iniludível a pergunta fundamental sobre os valores que são verdadeiramente capazes de dar plenitude de significado à vida, ao sofrimento e à morte. Em muitos jovens, torna-se mais explícita a questão religiosa e a necessidade de espiritualidade: daqui o desejo de oração, o retorno a uma leitura mais pessoal e freqüente da Palavra de Deus e ao estudo da Teologia.

Tal como sucede no âmbito do voluntariado social, também no da comunidade eclesial, os jovens se tornam cada vez mais ativos e protagonistas, sobretudo pela participação nas várias agregações, desde as tradicionais uma vez renovadas, às mais recentes: a experiência de uma Igreja solicitada para a «nova evangelização» pela fidelidade ao Espírito que a anima e pelas exigências do mundo afastado de Cristo, mas necessitado dele, como também a experiência de uma Igreja cada vez mais solidária com o homem e com os povos na defesa e promoção da dignidade pessoal e dos direitos humanos de todos e de cada um, abre o coração e a vida da juventude a ideais fascinantes e comprometedores, que podem encontrar a sua concreta realização no seguimento de Cristo e do sacerdócio.

É óbvio que não se pode absolutamente prescindir desta situação humana e eclesial, caracterizada por uma forte ambivalência, seja na pastoral das vocações e na obra de formação dos futuros sacerdotes, seja no âmbito da vida e do ministério dos sacerdotes e da sua formação permanente. Assim, podemos compreender as várias formas de «crises» às quais os sacerdotes de hoje estão sujeitos no exercício do ministério, na sua vida espiritual e na própria interpretação da natureza e do significado do sacerdócio ministerial, devem-se, todavia, assinalar com alegria e esperança as novas potencialidades que o atual momento histórico oferece àqueles para o cumprimento de sua missão.

O DISCERNIMENTO EVANGÉLICO

10. A complexa situação atual, rapidamente evocada em traços largos e de modo exemplificativo, necessita de ser conhecida, e sobretudo, interpretada. Só assim se poderá responder de modo adequado à questão fundamental: como formar sacerdotes que estejam verdadeiramente à altura destes tempos, capazes de evangelizar o mundo de hoje?[15]

É importante o *conhecimento* da situação. Não basta, porém, um simples levantamento dos fatos; ocorre uma investigação «científica» para se delinear um

---

15 Cf. SÍNODO DOS BISPOS, VIII Assem. Ger. Ord., *A formação dos sacerdotes nas circunstâncias atuais* 1, «Lineamenta», 5-6.

quadro preciso e concreto das reais circunstâncias socioculturais e eclesiais.

Ainda mais importante é a *interpretação* da situação. Essa é exigida pela ambivalência e, por vezes, contradição com que está marcada a situação, que regista, profundamente entrelaçadas, dificuldades e potencialidades, elementos negativos e razões de esperança, obstáculos e aberturas, como o campo evangélico no qual estão semeados e «convivem» o bom trigo e a cizânia (cf. *Mt* 13,24-30).

Nem sempre é fácil uma leitura interpretativa que saiba distinguir entre o bem e o mal, entre sinais de esperança e ameaças. Na formação dos sacerdotes, não se trata única e simplesmente de acolher os fatores positivos e de rejeitar frontalmente os negativos. Mas tem-se de submeter os próprios fatores positivos a um atento discernimento, para que não se isolem uns dos outros nem entrem em oposição entre si, absolutizando-se e combatendo-se mutuamente. O mesmo se diga dos fatores negativos: não são de rejeitar em bloco e sem distinções, porque em cada um deles pode ocultar-se algum valor que espera ser liberto e reconduzido à sua verdade plena.

Para o crente, a interpretação da situação histórica encontra o seu princípio cognoscitivo e o critério das opções operativas conseqüentes, numa realidade nova e original, ou seja, no *discernimento evangélico;* é a interpretação que se verifica à luz e com a força do Evangelho, do Evangelho vivo e pessoal de Jesus Cristo, e com o dom do Espírito Santo. Deste modo, o discernimento evangélico vê, na situação histórica e nas suas vicissitudes e circunstâncias, não um simples «dado» a registar com precisão, frente ao qual é possível permanecer na indiferença ou na passividade, mas uma «tarefa», um desafio à liberdade responsável quer do indivíduo quer da comunidade. É um «desafio» que está ligado a um «apelo», que Deus faz ressoar na própria situação histórica: também nele e através dele, Deus chama o crente, e antes ainda a Igreja, a fazer com que «o Evangelho da vocação e do sacerdócio» exprima a sua verdade perene nas novas circunstâncias da vida. Também à formação dos sacerdotes são de aplicar as palavras do Concílio Vaticano II: «É dever permanente da Igreja auscultar os sinais dos tempos e interpretá-los à luz do Evangelho, de modo que, de uma forma adaptada a cada geração, ela possa responder às perenes interrogações dos homens sobre o sentido da vida presente e futura e sobre a sua relação recíproca. É necessário, de fato, conhecer e compreender o mundo em que vivemos e também as suas esperanças, as suas aspirações e a sua índole por vezes dramática».[16]

Este discernimento evangélico tem o seu fundamento na confiança no amor de Jesus Cristo, que sempre e incansavelmente toma o cuidado da sua Igreja (cf. *Ef* 5,29), ele que é o Senhor e Mestre, a chave, o centro e o fim de toda a história humana;[17] nutre-se da luz e da força do Espírito Santo, que suscita por toda a parte e em qualquer circunstância a obediência da fé, a cora-

---

16 Const. past. sobre a Igreja no mundo contemporâneo, *Gaudium et Spes*, 4.

17 Cf. SÍNODO DOS BISPOS, VIII Assem. Ger. Ord., *Mensagem* dos Padres sinodais ao Povo de Deus (28 de Outubro de 1990) I: *l. c.*

gem alegre do seguimento de Cristo, o dom da sabedoria que tudo julga e não é julgada por ninguém (cf. *1Cor* 2,15); repousa sobre a fidelidade do Pai às suas promessas.

Deste modo, a Igreja sente que pode enfrentar as dificuldades e os desafios deste novo período da história e garantir, já no presente e para o futuro, sacerdotes bem formados, que sejam convictos e fervorosos ministros da «nova evangelização», servidores fiéis e generosos de Jesus Cristo e dos homens.

Não ignoramos as dificuldades. Não são poucas nem pequenas. Mas, para vencê-las, está a nossa esperança, a nossa fé no indefectível amor de Cristo, a nossa certeza da insubstituibilidade do ministério sacerdotal na vida da Igreja e do mundo.

CAPÍTULO II

CONSAGROU-ME COM A UNÇÃO E ME ENVIOU

A NATUREZA E MISSÃO DO SACERDÓCIO MINISTERIAL

O OLHAR SOBRE O SACERDOTE

11. «Estavam postos sobre ele os olhos de todos os que se encontravam na sinagoga» (*Lc* 4,20). Tudo quanto o evangelista Lucas diz dos que estavam presentes, naquele sábado, na sinagoga de Nazaré, escutando o comentário feito por Jesus ao livro do profeta Isaías, ele mesmo acabara de ler, se pode aplicar a todos os cristãos, continuamente chamados a reconhecer em Jesus de Nazaré o cumprimento definitivo do anúncio profético: «Começou, então, a dizer: "Hoje se cumpriu o passo da Escritura que acabais de ouvir com os vossos próprios ouvidos"» (*Lc* 4,21). E o «passo da Escritura» era este: «O Espírito do Senhor está sobre mim; por isso me consagrou com a unção e me enviou a anunciar aos pobres a Boa-Nova, a proclamar a liberdade aos prisioneiros, e a vista aos cegos; a pôr em liberdade os oprimidos e pregar um ano de graça do Senhor» (*Lc* 4,18-19; cf. *Is* 60,1-2). Jesus auto-apresenta-se, por conseguinte, como cheio do Espírito, «consagrado com a unção», «enviado a

anunciar aos pobres a Boa Nova»: é o Messias, o Messias sacerdote, profeta e rei.

É este o rosto de Cristo, no qual os olhos da fé e do amor dos cristãos devem permanecer fixos. Precisamente a partir desta «contemplação» e tendo-a como ponto de referência, os Padres sinodais refletiram sobre o problema da formação dos sacerdotes nas circunstâncias atuais. Tal problema não pode encontrar resposta sem uma prévia reflexão sobre a meta para a qual se orienta o caminho formativo: o sacerdócio ministerial, mais concretamente, o sacerdócio ministerial enquanto participação na Igreja do mesmo sacerdócio de Jesus Cristo. O conhecimento da natureza e da missão do sacerdócio ministerial é o pressuposto irrecusável, e, ao mesmo tempo, o guia mais seguro bem como o estímulo mais premente para desenvolver na Igreja a ação pastoral de promoção e discernimento das vocações sacerdotais e da formação dos chamados ao ministério ordenado.

O reto e aprofundado conhecimento da natureza e da missão do sacerdócio ministerial é o caminho a seguir, e o Sínodo efetivamente seguiu-o, para sair da crise sobre a *identidade do sacerdote:* «Esta crise — dizia no meu discurso final ao Sínodo — nasceu nos anos imediatamente sucessivos ao Concílio. Fundamentava-se numa compreensão errada, por vezes mesmo deliberadamente tendenciosa, da doutrina do magistério conciliar. Aqui se encontra indubitavelmente uma das causas do grande número de perdas então sofridas pela Igreja, perdas essas que feriram gravemente o serviço pastoral e as vocações ao sacerdócio, e em particular as vocações missionárias. É como se o Sínodo de 1990, descobrindo, através de tantas intervenções que escutamos nesta Aula, toda a profundidade da identidade sacerdotal, viesse infundir esperança depois destas dolorosas perdas. Tais intervenções manifestaram a consciência do ligame ontológico específico que une o sacerdote a Cristo, Sumo Sacerdote e Bom Pastor. Esta identidade está inerente à natureza da formação que deve ser ministrada com vista ao sacerdócio, e, por conseguinte, a toda a vida sacerdotal. Era precisamente este o objetivo do Sínodo».[18]

Por isso, o Sínodo considerou necessário chamar a atenção, de modo sintético e fundamental, para a natureza e a missão do sacerdócio ministerial, tais como a fé da Igreja as vem reconhecendo ao longo dos séculos de sua história e o Concílio Vaticano II as apresentou aos homens do nosso tempo.[19]

NA IGREJA, MISTÉRIO, COMUNHÃO E MISSÃO

12. «A identidade sacerdotal — escreveram os Padres sinodais — como toda e qualquer identidade cristã, encontra na Santíssima Trindade a sua própria fonte»,[20] que se revela e autocomunica aos homens em Cristo, consti-

---

18 *Discurso* final ao Sínodo (27 de Outubro de 1990), 4: *l. c.;* cf. *Carta* aos sacerdotes por ocasião da Quinta-feira Santa (10 de Março de 1991): *L'Osservatore Romano,* 15/03/1991.

19 Cf. Const. dogm. sobre a Igreja, *Lumen Gentium;* Decr. sobre o Ministério e a Vida dos Sacerdotes, *Presbyterorum Ordinis;* Decr. sobre a Formação sacerdotal, *Optatum Totius;* CONGR. PARA A EDUCAÇÃO CATÓLICA, *Ratio Fundamentalis Institutionis Sacerdotalis* (6 de Janeiro de 1970): *l. c.,* 321-384; SÍNODO DOS BISPOS, II Assembléia Geral Ordinária, 1971.

20 *Propositio* 7.

tuindo nele e por meio do Espírito a Igreja como «germe, e início do Reino».[21] A Exortação *Christifideles Laici* sintetizando a doutrina conciliar, apresenta a Igreja como mistério, comunhão e missão: ela «é *mistério* porque o amor e a vida do Pai, do Filho e do Espírito Santo constituem o dom absolutamente gratuito oferecido a quantos nasceram da água e do Espírito (cf. *Jo* 3,5), chamados a reviver a própria *comunhão* de Deus e a manifestá-la e comunicá-la na história *(missão)*».[22]

É no interior do mistério da Igreja como comunhão trinitária em tensão missionária, que se revela a identidade cristã de cada um e, portanto, a específica identidade do sacerdote e do seu ministério. O presbítero, de fato, em virtude da consagração que recebe pelo sacramento da Ordem, é enviado pelo Pai, através de Jesus Cristo, ao qual como Cabeça e Pastor do seu povo é configurado, de modo especial, para viver e atuar, na força do Espírito Santo, ao serviço da Igreja e para a salvação do mundo.[23]

Assim se pode compreender a conotação essencialmente «relacional» da identidade do presbítero: mediante o sacerdócio, que brota das profundezas do mistério de Deus, ou seja, do amor do Pai, da graça de Jesus Cristo e do dom de unidade do Espírito Santo, o presbítero é inserido sacramentalmente na comunhão com

---

21 CONC. ECUM. VAT. II, Const. dogm. sobre a Igreja, *Lumen Gentium*, 5.

22 Exort. Ap. Pós-Sinodal, *Christifideles Laici* (30 de Dezembro de 1988), 8: *AAS* 81 (1989) 405; Cf.SÍNODO DOS BISPOS, II Assembléia Geral Extraordinária, 1985.

23 Cf *Propositio* 7.

o bispo e com os outros presbíteros,[24] para servir o Povo de Deus, que é a Igreja, e atrair todos a Cristo, segundo a oração do próprio Senhor: «Pai santo, guarda em teu nome aqueles que me deste, para que sejam um só como nós (...). Como tu, ó Pai estás em mim e eu em ti, assim eles estejam em nós, para que o mundo acredite que tu me enviaste» (*Jo* 17,11. 21).

Não se pode, então, definir a natureza e a missão do sacerdócio ministerial, senão nesta múltipla e rica trama de relações, que brotam da Trindade Santíssima e se prolongam na comunhão da Igreja como sinal e instrumento, em Cristo, da união com Deus e da unidade de todo o gênero humano.[25] Neste contexto, a eclesiologia de comunhão torna-se decisiva para explicar a identidade do presbítero, a sua dignidade original, a sua vocação e missão no seio do Povo de Deus e do mundo. De fato, a referência à Igreja é necessária, mesmo se não prioritária, na definição da identidade do presbítero. Enquanto *mistério, a Igreja é essencialmente relativa a Jesus Cristo:* é, de fato, a plenitude, o Corpo, a Esposa dele. É o «sinal» e o «memorial» vivo da sua permanente presença e ação entre nós e para nós. Por isso, o presbítero encontra a verdade plena da sua identidade no fato de ser uma derivação, uma participação específica e uma continuação do próprio Cristo, sumo e único Sacerdote da nova e eterna Aliança: ele é uma imagem viva e transparente de Cristo Sacerdote. O sacerdócio de

---

24 Cf.CONC. ECUM. VAT. II, Decr. sobre o Ministério e a Vida dos Sacerdotes, *Presbyterorum Ordinis*, 7-8.

25 Cf.CONC. ECUM. VAT. II, Const. dogm. sobre a Igreja, *Lumen Gentium*, 1.

Cristo, expressão da sua absoluta «novidade» na história da salvação, constitui a fonte única e o insubstituível paradigma do sacerdócio do cristão, e, especialmente, do presbítero. A referência a Cristo é, então, a chave absolutamente necessária para a compreensão das realidades sacerdotais.

A RELAÇÃO FUNDAMENTAL COM CRISTO, CABEÇA E PASTOR

13. Jesus Cristo revelou em si mesmo a face perfeita e definitiva do sacerdócio da nova aliança:[26] fê-lo em toda a sua vida terrena, mas sobretudo no evento central da sua paixão, morte e ressurreição.

Como escreve o autor da *Carta aos Hebreus,* Jesus, sendo homem como nós e, ao mesmo tempo, o Filho unigênito de Deus, é, no seu próprio ser, o mediador perfeito entre o Pai e a humanidade (cf. *Hb* 8,9), aquele que abre o acesso imediato a Deus, graças ao dom do Espírito: «Deus enviou aos nossos corações o Espírito de seu Filho que clama: Abba, ó Pai!» (*Gl* 4,6; cf. *Rm* 8,15).

Jesus leva à plena atuação o seu ser mediador, através da oferta de si mesmo na cruz, pela qual nos abre, de uma vez por todas, o acesso ao santuário celeste, à casa do Pai (cf. *Hb* 9,24-28). De fronte a Jesus, Moisés e todos os «mediadores» do Antigo Testamento entre Deus e o seu povo — os reis, os sacerdotes e os

---

26 Cf *Propositio* 7.

profetas — aparecem apenas como «figuras» e «sombras dos bens futuros» e não como «a própria realidade» (cf. *Hb* 10,1).

Jesus é o Bom Pastor pré-anunciado (cf. *Ez* 34), aquele que conhece as suas ovelhas uma a uma, que dá a sua vida por elas e que a todos quer reunir num só rebanho sob um único pastor (cf. *Jo* 10,11-16). É o pastor que veio «não para ser servido mas para servir» (*Mt* 20,28), que, na ação pascal do lava-pés (*Jo* 13,1-20), deixa aos seus o modelo de serviço que deverão realizar uns aos outros, e que livremente se oferece como «cordeiro inocente» imolado para a nossa redenção (cf. *Jo* 1,36; *Ap* 5,6. 12).

Com o único e definitivo sacrifício da cruz, Jesus comunica a todos os seus discípulos a dignidade e a missão de sacerdotes da nova e eterna Aliança. Cumpre-se, assim, a promessa que Deus fizera a Israel: «Sereis para mim um reino de sacerdotes e uma nação santa» (*Êx* 19,6). É todo o povo da Nova Aliança — escreve São Pedro — a ser constituído como «um edifício espiritual», um «sacerdócio santo, para oferecer sacrifícios espirituais agradáveis a Deus, por meio de Jesus Cristo» (*1Pd* 2,5). Os batizados são as «pedras vivas», que constroem o edifício espiritual, unindo-se a Cristo «Pedra viva (...) escolhida e preciosa diante de Deus» (*1Pd* 2,4-5). O novo povo sacerdotal, que é a Igreja, não só tem em Cristo a sua própria e autêntica imagem, mas dele recebe também uma participação real e ontológica do seu eterno e único sacerdócio, ao qual o mesmo povo se deve conformar em toda a sua vida.

14. Para o serviço deste sacerdócio universal da Nova Aliança, Jesus chama a si, no decurso da sua missão terrena, alguns discípulos (cf. *Lc* 10,1-12) e, com um mandato específico e autorizado, chama e constitui os Doze, para que «estivessem com ele, e para os enviar a pregar, e para que tivessem o poder de expulsar os demônios» (*Mc* 3,14-15).

Por isso, já durante o seu ministério público (cf. *Mt* 16,18) e depois em plenitude, após a morte e ressurreição (cf. *Mt* 28,16-20; *Jo* 20; 21), Jesus confere a Pedro e aos Doze poderes particulares relativamente à futura comunidade e à evangelização de todos os povos. Depois de os ter chamado a segui-lo, tem-nos a seu lado e vive com eles, proporcionando-lhes com o exemplo e com a palavra a sua doutrina de salvação e, por fim, envia-os a todos os homens. Para levar a cabo esta missão, Cristo confere aos apóstolos, em virtude de uma específica efusão pascal do Espírito Santo, a mesma autoridade messiânica que lhe vem do Pai e lhe é conferida em plenitude na Ressurreição: «Foi-me dado todo o poder no céu e na Terra. Ide, pois, e ensinai todas as nações batizando-as em nome do Pai, do Filho e do Espírito Santo, ensinando-as a observar tudo o que vos mandei. E eis que estou convosco todos os dias até ao fim do mundo» (*Mt* 28,18-20).

O Senhor estabelece, assim, uma estreita conexão entre o ministério confiado aos Apóstolos e a sua própria missão: «Quem vos acolhe, acolhe-me a mim, e quem me acolhe, acolhe aquele que me enviou» (*Mt* 10,40); «Quem vos ouve, a mim ouve, e quem vos despreza, a mim despreza. E quem me depreza, despreza aquele que me enviou» (*Lc* 10,16). Mais ainda, o quarto evangelho, à luz do acontecimento pascal da morte e ressurreição, afirma com grande força e clareza: «Como o Pai me enviou, assim eu vos envio» (*Jo* 20,21; cf. 13,20; 17,18). Como Jesus tem uma missão que lhe vem diretamente de Deus e que concretiza a própria autoridade de Deus (cf. *Mt* 7,29; 20,23; *Mc* 1,27; 10,28; *Lc* 20,2; 24,19), assim também os apóstolos têm uma missão que lhes vem de Jesus. E como «o Filho nada pode fazer por si mesmo» (*Jo* 5,19), pois a doutrina que prega não é dele, mas daquele que o enviou (cf. *Jo* 7,16), assim também Cristo diz aos apóstolos: «sem Mim nada podereis fazer» (*Jo* 15,5): a sua missão não é deles, mas é a própria missão de Jesus. E isto é possível não a partir de forças humanas, mas só com o dom de Cristo e do seu Espírito mediante o «sacramento»: «Recebei o Espírito Santo; a quem perdoardes os pecados, ser-lhes-ão perdoados, e a quem os retiverdes, ser-lhes-ão retidos» (*Jo* 20,22-23). Assim, não por qualquer mérito particular deles, mas apenas pela participação da graça de Cristo, os apóstolos prolongam na história, até à consumação dos tempos, a mesma missão de salvação de Jesus em favor dos homens.

Sinal e pressuposto da autenticidade e da fecundidade desta missão é a unidade dos apóstolos com Jesus e, nele, entre si mesmos e o Pai, tal como testemunha a Oração sacerdotal do Senhor, síntese da sua missão (cf. *Jo* 17,20-23).

15. Por sua vez, os apóstolos constituídos pelo Senhor associarão progressivamente à sua missão, de formas diversas, mas no fim convergentes, outros homens como bispos, presbíteros e diáconos para cumprir o mandato de Jesus ressuscitado que os enviou a todos os homens de todos os tempos.

O Novo Testamento é unânime no sublinhar que foi o próprio Espírito de Cristo a introduzir, no ministério, estes homens, escolhidos de entre os irmãos. Por meio do gesto da imposição das mãos (cf. *At* 6; *1Tm* 4,14; 5,22; *2Tm* 1,6), que transmite o dom do Espírito, eles são chamados e habilitados a continuar o mesmo ministério de reconciliar, de apascentar o rebanho de Deus, e de ensinar (cf. *At* 20,28; *1Pd* 5,2).

Portanto, os presbíteros são chamados a prolongar a presença de Cristo, único e sumo Pastor, atualizando o seu estilo de vida e tornando-se como que a sua transparência no meio do rebanho a eles confiado. Assim se lê, de modo claro e preciso, na *Primeira Carta de Pedro*: «Recomendo aos *presbíteros* que estão entre vós, eu, *presbítero como eles,* testemunha dos sofrimentos de Cristo e participante da glória que se deve manifestar: apascentai o rebanho de Deus que vos foi confiado, olhando por ele não constrangidos, mas de boa vontade segundo Deus, não por ganância, mas por dedicação; não como dominadores sobre aqueles que vos foram confiados, antes tornando-vos modelo do rebanho. E quando aparecer o supremo Pastor recebereis a coroa eterna da glória» (*1Pd* 5,1-4).

Os presbíteros são, na Igreja e para a Igreja, uma representação sacramental de Jesus Cristo Cabeça e Pastor, proclamam a sua palavra com autoridade, repetem os seus gestos de perdão e oferta de salvação, nomeadamente com o Batismo, a Penitência e a Eucaristia, exercitam a sua amável solicitude, até ao dom total de si mesmos, pelo rebanho que reúnem na unidade e conduzem ao Pai por meio de Cristo no Espírito. Numa palavra, os presbíteros existem e agem para o anúncio do Evangelho ao mundo e para a edificação da Igreja em nome e na pessoa de Cristo Cabeça e Pastor.[27]

Este é o modo típico e próprio pelo qual os ministros ordenados participam do único sacerdócio de Cristo. O Espírito Santo, mediante a unção sacramental da Ordem, configura-os, por um título novo e específico, a Jesus Cabeça e Pastor, confirma e anima-os com a sua caridade pastoral e coloca-os na Igreja na condição de servidores do anúncio do Evangelho a toda a criatura, e da plenitude de vida cristã para todos os batizados.

A verdade do presbítero tal qual emerge da Palavra de Deus, ou seja, do próprio Jesus Cristo e do seu desígnio constitutivo da Igreja, é assim cantada, com jubilosa gratidão, pela Liturgia no Prefácio da Missa do Crisma: «Com a unção do Espírito Santo, constituístes o vosso Filho Pontífice da nova e eterna Aliança, e quisestes que o seu único sacerdócio fosse perpetuado na Igreja. Ele comunica o sacerdócio real a todo o povo dos redimidos e com amor de predileção escolhe alguns de entre os irmãos que, mediante a imposição das mãos,

27 Cf. *Ibid.*

faz participantes do seu ministério de salvação. Vós quereis que em seu nome renovem o sacrifício redentor, preparem para vossos filhos o banquete pascal, e, servos primorosos do vosso povo, o alimentem com a vossa palavra e o santifiquem com os sacramentos. Vós lhes propondes Cristo como modelo, para que, oferecendo a vida por vós e pelos irmãos, se esforcem por se conformar à imagem de vosso Filho e dêem testemunho de fidelidade e de amor generoso».

AO SERVIÇO DA IGREJA E DO MUNDO

16. O sacerdote tem como referência fundamental o relacionamento com Jesus Cristo Cabeça e Pastor: ele, de fato, participa, de modo específico e autorizado, na «consagração/unção» e na «missão» de Cristo (cf. *Lc* 4,18-19). Mas, intimamente ligada àquela, encontra-se a relação com a Igreja. Não se trata de «relações» simplesmente justapostas, mas profundamente unidas numa espécie de mútua imanência. A referência à Igreja inscreve-se na única e mesma referência do sacerdote a Cristo, no sentido que é a «representação sacramental» de Cristo a fundamentar e animar o relacionamento e referência do sacerdote à Igreja.

Neste sentido, escreveram os Padres sinodais: «Enquanto representa Cristo Cabeça, Pastor e Esposo da Igreja, o sacerdote coloca-se não apenas *na Igreja,* mas também *perante a Igreja.* O sacerdócio, enquanto unido à Palavra de Deus e aos sinais sacramentais a cujo serviço se encontra, pertence aos elementos constitutivos da

Igreja. O ministério do presbítero existe em favor da Igreja; é para a promoção do exercício do sacerdócio comum de todo o Povo de Deus; ordena-se não apenas para a Igreja particular, mas também para a Igreja universal (cf. *Presbyterorum Ordinis,* 10), em comunhão com o bispo, com Pedro e sob a autoridade de Pedro. Mediante o sacerdócio do bispo, o sacerdócio da segunda ordem incorpora-se na estrutura apostólica da Igreja. Desta forma, o presbítero, como os apóstolos, exerce funções de embaixador de Cristo (cf. *2Cor* 5,20). Nisto se fundamenta a índole missionária de todos e cada um dos sacerdotes».[28]

O ministério ordenado surge, portanto, com a Igreja e tem nos bispos, e em referência e comunhão com eles, nos presbíteros, uma relação particular com o ministério dos apóstolos, ao qual efetivamente «sucede» ainda que, relativamente a esse, assuma diferentes modalidades de existência.

Não se deve, pois, pensar no sacerdócio ordenado como se fosse anterior à própria Igreja, porque ele existe totalmente em função do serviço da mesma Igreja; nem muito menos se pode pensar como posterior à comunidade eclesial, de modo que esta pudesse ser concebida como já constituída independentemente de tal sacerdócio.

O relacionamento do sacerdote com Jesus Cristo e, nele, com a sua Igreja, situa-se no próprio *ser* do presbítero, em virtude da sua consagração/unção sacramental, e no seu *agir,* isto é, na sua missão ou ministério.

---

[28] *Propositio* 7.

Em particular, «o sacerdote-ministro é servo de Cristo presente na *Igreja, mistério, comunhão e missão*. Pelo fato de participar da "unção" e da "missão" de Cristo, ele pode prolongar na Igreja a sua oração, a sua palavra, o seu sacrifício e a sua ação salvífica. É, portanto, *servidor da Igreja, mistério,* porque atua os sinais eclesiais e sacramentais da presença de Cristo ressuscitado. É *servidor da Igreja, comunhão,* porque — unido ao bispo e em estreita relação com o presbitério — constrói a unidade da comunidade eclesial na harmonia das diferentes vocações, carismas e serviços. É finalmente *servidor da Igreja, missão,* porque faz com que a comunidade se torne anunciadora e testemunha do Evangelho».[29]

Assim, pela sua própria natureza e missão sacramental, o sacerdote surge, na estrutura da Igreja, como sinal da prioridade absoluta e gratuidade da graça, que à Igreja é oferecida por Cristo ressuscitado. Através do sacerdócio ministerial, a Igreja toma consciência, na fé, de não vir de si mesma, mas da graça de Cristo no Espírito Santo. Os apóstolos e seus sucessores, como detentores de uma autoridade que lhes vem de Cristo Cabeça e Pastor, são colocados — juntamente com o seu ministério — *perante a Igreja* com o prolongamento visível e sinal sacramental de Cristo no seu próprio estar diante da Igreja e do mundo, como origem permanente e sempre nova da salvação, «ele que é o salvador do seu corpo» (*Ef* 5,23).

---

29 SÍNODO DOS BISPOS, VIII Assem. Ger. Ord. *A formação dos Sacerdotes nas circunstâncias atuais*, «Instrumentum Laboris», 16; cf. *Propositio* 7.

17. O ministério ordenado, em virtude da sua própria natureza, pode ser exercido somente na medida em que o presbítero estiver unido a Cristo mediante a inserção sacramental na ordem presbiteral e, por conseguinte, enquanto se encontrar em comunhão hierárquica com o próprio bispo. O ministério ordenado tem uma radical *«forma comunitária»* e pode apenas ser assumido como «obra coletiva».[30] Sobre esta natureza de comunhão do sacerdócio se deteve longamente o Concílio,[31] examinando distintamente o relacionamento do presbítero com o seu bispo, com os demais presbíteros e com os próprios leigos.

O ministério do presbítero é, antes de mais, comunhão e colaboração responsável e necessária no ministério do bispo, na solicitude pela Igreja universal e por cada Igreja particular para cujo serviço eles constituem, juntamente com o bispo, um único presbitério.

Cada sacerdote, seja diocesano ou religioso, está unido aos outros membros deste presbitério, na base do sacramento da Ordem, por particulares vínculos de caridade apostólica, de ministério e de fraternidade. De fato, todos os presbíteros, quer diocesanos quer religiosos, participam do único sacerdócio de Cristo Cabeça e Pastor, trabalham para a mesma causa, isto é, «a edificação do Corpo de Cristo, que, especialmente em nossos dias, requer múltiplas atividades e novas adaptações»,[32] e se enriquece, no decurso dos séculos, de carismas sempre novos.

---

30 *Angelus* (25 de Fevereiro de 1990): *L'Osservatore Romano* 26-27/02/1990.

31 Cf. Decr. sobre o Ministério e a Vida dos Sacerdotes, *Presbyterorum Ordinis,* 7-9.

32 *Ibid.,* 8; cf. *Propositio* 7.

Finalmente os presbíteros, dado que a sua figura e o seu papel na Igreja não substitui, antes promove o sacerdócio batismal de todo o Povo de Deus, conduzindo-o à sua plena atuação eclesial, encontram-se num relacionamento positivo e promotor com os leigos. Eles estão ao serviço da fé, esperança e caridade destes. Reconhecem e sustentam sua dignidade de filhos de Deus como amigos e irmãos, ajudando-os a exercitar, em plenitude, o seu papel específico no âmbito da missão da Igreja.[33]

O sacerdócio ministerial conferido pelo sacramento da Ordem e o comum ou «real» dos fiéis, que diferem entre si essencialmente e não apenas em grau,[34] estão coordenados entre si, ambos derivando — em forma diversa — do único sacerdócio de Cristo. O sacerdócio ministerial, de fato, não significa, de per si, um maior grau de santidade relativamente ao sacerdócio comum dos fiéis; mas, através dele, é outorgado aos presbíteros, por Cristo no Espírito, um dom particular para que possam ajudar o Povo de Deus a exercitar com fidelidade e plenitude o sacerdócio comum que lhes é conferido.[35]

18. Como sublinha o Concílio, «o dom espiritual que os presbíteros receberam na ordenação não os prepara para uma missão limitada e restrita, mas, pelo contrário, para uma imensa e universal missão de salvação até aos últimos confins da Terra, dado que todo e qualquer minis-

---

33 Cf. CONC. ECUM. VAT. II, Decr. sobre o Ministério e a Vida dos Sacerdotes, *Presbyterorum Ordinis*, 9.

34 Cf. CONC. ECUM. VAT. II, Const. dogm. sobre a Igreja, *Lumen Gentium*, 10.

35 Cf. *Propositio* 7.

tério sacerdotal participa da mesma amplitude universal da missão confiada por Cristo aos apóstolos».[36] Pela própria natureza do seu ministério, eles devem, portanto, ser penetrados e animados de um profundo espírito missionário, «daquele espírito verdadeiramente católico que os habitua a olhar para além dos confins da própria diocese, nação ou rito, e ajudar as necessidades de toda a Igreja, dispostos a pregar o Evangelho em toda parte».[37]

Além disso, precisamente porque no âmbito da vida da Igreja é o homem da comunhão, o presbítero deve ser, no relacionamento com todas as pessoas, o homem da missão e do diálogo. Profundamente radicado na verdade e na caridade de Cristo e animado do desejo e do imperativo de anunciar a todos a sua salvação, ele é chamado a encetar um relacionamento de fraternidade, de serviço, de procura comum da verdade, de promoção da justiça e da paz, com todos os homens. Em primeiro lugar, com os irmãos das outras Igrejas e confissões cristãs; mas também com os fiéis das outras religiões; com os homens de boa vontade, de forma especial com os pobres e os mais fracos, com todos aqueles que anseiam, mesmo sem o saber ou o exprimir, pela verdade e pela salvação de Cristo, segundo a palavra de Jesus: «Não são os que têm saúde que precisam de médico, mas os doentes; não vim para chamar os justos, mas sim os pecadores» (*Mc* 2,17).

---

36 Decr. sobre o Ministério e a Vida dos Sacerdotes, *Presbyterorum Ordinis,* 10.
37 Decr. sobre a Formação sacerdotal, *Optatam Totius,* 20.

Hoje, de uma forma particular, a prioritária tarefa pastoral da nova evangelização, que diz respeito a todo o Povo de Deus e postula um novo ardor, novos métodos e uma nova expressão para o anúncio e o testemunho do Evangelho, exige sacerdotes radical e integralmente imersos no mistério de Cristo e capazes de realizar um novo estilo de vida pastoral, marcado por uma profunda comunhão com o Papa, os bispos e entre si próprios, e por uma fecunda colaboração com os leigos, no respeito e na promoção dos diversos papéis, carismas e ministérios no interior da comunidade eclesial.[38]

«Cumpriu-se, hoje, o passo da Escritura que acabais de ouvir» (*Lc* 4,21). Escutemos uma vez mais estas palavras de Jesus, à luz do sacerdócio ministerial que apresentamos em sua natureza e missão. O «hoje» de que fala Jesus, precisamente porque pertence — definindo-a — à «plenitude dos tempos» , ou seja, ao tempo da salvação plena e definitiva, indica o tempo da Igreja. A consagração e a missão de Cristo — «o Espírito do Senhor me consagrou com a unção e me enviou a anunciar aos pobres a Boa-Nova» (*Lc* 4,18) — são a raiz viva de onde germina a consagração e a missão da Igreja, «plenitude» de Cristo (cf. *Ef* 1,23): com a regeneração batismal se infunde sobre todos os crentes o Espírito do Senhor, que os consagra em ordem a formarem um templo espiritual e um sacerdócio santo e os envia para darem a conhecer os prodígios daquele que os chamou das trevas à sua luz admirável (cf. *1Pd* 2,4-10). *O presbítero participa na missão e consagração de Cristo de*

---

38 Cf. *Propositio* 12.

modo específico e com plena autoridade, ou seja, mediante o sacramento da Ordem, em virtude do qual é configurado, no seu ser, a Jesus Cristo Cabeça e Pastor, e partilha a missão de «anunciar aos pobres a Boa-Nova» em nome e na pessoa do próprio Cristo.

Na sua *Mensagem* final, os Padres sinodais compendiaram, em breves, mas ricas palavras, a «verdade», melhor, o «mistério» e o «dom» do sacerdócio ministerial, afirmando: «A nossa identidade tem a sua fonte mais remota na caridade do Pai. Ao Filho, por ele enviado, Sumo Sacerdote e Bom Pastor, estamos unidos sacramentalmente com o sacerdócio ministerial por ação do Espírito Santo. A vida e o ministério do sacerdote são a continuação da vida e da ação do próprio Cristo. Esta é a nossa identidade, a nossa verdadeira dignidade, a fonte da nossa alegria, a certeza da nossa vida».[39]

---

[39] *Mensagem* dos Padres Sinodais ao Povo de Deus (28 de Outubro de 1990), III: *l. c.*

CAPÍTULO III

O ESPÍRITO DO SENHOR ESTÁ SOBRE MIM

A VIDA ESPIRITUAL DO SACERDOTE

UMA VOCAÇÃO «ESPECÍFICA» À SANTIDADE

19. «O Espírito do Senhor está sobre mim» (*Lc* 4,18). O Espírito não está simplesmente «sobre» o Messias, mas «enche-o», penetra-o, atinge-o no seu ser e operar. De fato, o Espírito é o princípio da consagração e da missão do Messias: «por isso me consagrou, e me enviou a anunciar a Boa-Nova aos pobres» (*Lc* 4,18). Em virtude do Espírito, Jesus pertence total e exclusivamente a Deus, participa da infinita santidade de Deus que o chama, elege e envia. Assim, o Espírito do Senhor se revela fonte de santidade e apelo à santificação.

Este mesmo «Espírito do Senhor» está «sobre» a totalidade do Povo de Deus, que é constituído como povo «consagrado» a Deus e por Deus «enviado» para o anúncio do Evangelho que salva. Os membros do Povo de Deus estão «inebriados» e «assinalados» pelo Espírito (cf. *1Cor* 12,13; *2Cor* 1,21-22; *Ef* 1,13; 4,3), e chamados à santidade.

Em particular, *o Espírito revela-nos e nos comunica a vocação fundamental* que o Pai desde a eternidade dirige a todos: a vocação *a ser «santos* e imaculados na sua presença na caridade», em virtude da predestinação para «sermos seus filhos adotivos por obra de Jesus Cristo» (*Ef* 0,4-5). Mais. Revelando e comunicando-nos esta vocação, o Espírito *se torna em nós princípio e garantia da sua própria realização;* ele, o Espírito do Filho (cf. *Gl* 4,6), conforma-nos a Jesus Cristo e nos torna participantes de sua vida filial, ou seja, de seu amor ao Pai e aos irmãos. «Se vivemos do Espírito, caminhemos segundo o Espírito» (*Gl* 5,25). Com estas palavras, o apóstolo Paulo recorda-nos que a existência cristã é «vida espiritual», quer dizer, vida animada e guiada pelo Espírito em ordem à santidade e à perfeição da caridade.

A afirmação do Concílio: «Todos os fiéis, de qualquer estado ou condição, são chamados à plenitude da vida cristã e à perfeição da caridade»[40] encontra particular aplicação no caso dos presbíteros: estes são chamados não só enquanto batizados, mas também e especificamente enquanto presbíteros, ou seja, por um título novo e de um modo original, derivado do sacramento da Ordem.

20. Acerca da «vida espiritual» dos presbíteros e do dom e responsabilidade de serem santos, oferece-nos o Decreto conciliar sobre o Ministério e a Vida Sacerdotal uma síntese rica e estimulante: «Pelo sacramento da Ordem, os presbíteros são configurados a Cristo Sacerdote como ministros da Cabeça, para a construção e edificação do seu Corpo, que é a Igreja, na qualidade de colabora-

---

40 Const. dogm. sobre a Igreja, *Lumen Gentium,* 40.

dores da Ordem episcopal. Já desde a consagração do Batismo, receberam, tal como todos os fiéis, o sinal e o dom de tão insigne vocação e graça, para que, mesmo na fraqueza da condição humana, possam e devam alcançar a perfeição, segundo quanto foi dito pelo Senhor: "Sede perfeitos como é perfeito o vosso Pai celeste" (*Mt* 5,48). Mas os sacerdotes são especialmente obrigados a buscar esta perfeição, visto que, consagrados de modo particular a Deus pela recepção da Ordem, se tornaram instrumentos vivos do sacerdócio eterno de Cristo, a fim de prosseguirem no tempo a sua obra admirável que restaurou com divina eficácia a humanidade inteira. Dado, portanto, que cada sacerdote, no modo que lhe é próprio, age em nome e na pessoa do próprio Cristo, ele usufrui também de uma graça especial, em virtude da qual, enquanto se encontra ao serviço das pessoas que lhe foram confiadas e de todo o Povo de Deus, possa alcançar de maneira mais conveniente a perfeição daquele de quem é representante, e cure a debilidade humana da carne a santidade daquele que por nós se fez pontífice "santo, inocente, separado dos pecadores" (*Hb* 7,26)».[41]

O Concílio afirma, antes de mais, *a vocação «comum» à santidade*. Esta vocação radica-se no Batismo, que caracteriza o presbítero como um «fiel» (christifidelis), como «irmão entre irmãos» inserido e unido com o Povo de Deus, na alegria de partilhar os dons da salvação (cf. *Ef* 4,4-6) e no compromisso comum de caminhar «segundo o Espírito», seguindo o único Mestre e Senhor. Recordemos o célebre dito de Santo Agostinho:

---

41 Decr. sobre o Ministério e a Vida dos Sacerdotes, *Presbyterorum Ordinis*, 12.

«Para vós sou bispo, convosco sou cristão. Aquele é o nome de um cargo assumido, este de graça; aquele é um nome de perigo, este um nome de salvação».[42]

Com a mesma clareza, o texto conciliar fala também de uma *vocação «específica» à santidade,* mais precisamente de uma vocação que se fundamenta no sacramento da Ordem, na qualidade de sacramento próprio e específico do sacerdote, portanto por força de uma nova consagração a Deus mediante a ordenação. A esta vocação específica alude ainda o mesmo Santo Agostinho, quando à afirmação «para vós sou bispo, convosco sou cristão» acrescenta as seguintes palavras: «Se, portanto, é para mim causa de maior alegria o ter sido resgatado convosco do que o ter sido posto à vossa frente, seguindo o mandato do Senhor, dedicar-me-ei com o máximo empenho a servir-vos, para não me tornar ingrato com quem me resgatou por aquele preço que me fez servidor vosso e convosco».[43]

O texto do Concílio vai mais além, pondo em destaque alguns elementos necessários para definir o conteúdo da «especificidade» da vida espiritual dos presbíteros. Trata-se de elementos que se relacionam com a «consagração» própria dos presbíteros, a qual os configura a Jesus Cristo Cabeça e Pastor da Igreja; com a «missão» ou ministério típico dos próprios presbíteros, que os habilita e compromete a serem «instrumentos vivos de Cristo eterno Sacerdote» e a agir «em nome e na pessoa do próprio Cristo»; com a sua «vida» inteira,

42 *Sermo* 340, 1: *PL* 38, 1483.
43 *Ibid.: l. c.*

vocacionada para manifestar e testemunhar, de modo original, a «radicalidade evangélica»[44]

A CONFIGURAÇÃO A JESUS CRISTO, CABEÇA E PASTOR E A CARIDADE PASTORAL

21. Mediante a consagração sacramental, o sacerdote é configurado a Jesus Cristo enquanto Cabeça e Pastor da Igreja e recebe o dom de um «poder espiritual» que é participação da autoridade com a qual Jesus Cristo pelo seu Espírito conduz a Igreja.[45]

Graças a esta consagração, operada pelo Espírito na efusão sacramental da Ordem, a vida espiritual do sacerdote fica assinalada, plasmada, conotada por aquelas atitudes e comportamentos que são próprios de Jesus Cristo Cabeça e Pastor e se compendiam na sua caridade pastoral.

Jesus Cristo *é Cabeça da Igreja, seu Corpo*. É «Cabeça» no sentido novo e original de ser «servo», segundo as suas próprias palavras: «O Filho do Homem não veio para ser servido, mas para servir e dar a própria vida em resgate por todos» (*Mc* 10,45). O serviço de Jesus atinge a plenitude com a morte na cruz, ou seja, com o dom total de si mesmo, na humildade e no amor: «Despojou-se a si próprio, assumindo a condição de servo e tornando-se igual aos homens; aparecendo em forma humana, humilhou-se a si mesmo, fazendo-se obediente

---

44 Cf. *Propositio* 8.
45 Cf. CONC . ECUM . VAT. II, Decr. sobre o Ministério e a Vida dos Sacerdotes, *Presbyterorum Ordinis*, 2; 12.

até à morte e morte de cruz» (*Fl* 2,7-8). A autoridade de Jesus Cristo Cabeça coincide, portanto, com o seu serviço, o seu dom, a sua entrega total, humilde e amorosa pela Igreja. E tudo isto em perfeita obediência ao Pai: Ele é o único verdadeiro servo sofredor, conjuntamente Sacerdote e Vítima.

É a partir deste preciso tipo de autoridade, quer dizer, do serviço à Igreja, que a existência espiritual de todos e cada um dos sacerdotes é animada e vivificada, exatamente como exigência da sua configuração a Jesus Cristo Cabeça e Servo da Igreja.[46] Assim Santo Agostinho alertava um bispo, no dia da sua ordenação: «Quem é posto à frente do povo deve ser o primeiro a dar-se conta de que é servo de todos. E não desdenhe de o ser, repito, não desdenhe de ser servo de todos, pois não desdenhou de se tornar nosso servo aquele que é Senhor dos senhores».[47]

A vida espiritual dos ministros do Novo Testamento deve levar, portanto, a marca desta atitude essencial de serviço ao Povo de Deus (cf. *Mt* 20,24-28; *Mc* 10,43-44), destituído de qualquer presunção ou desejo de «assenhorear-se» do rebanho a ele confiado (cf. *1Pd* 5,2-3). Um serviço feito de ânimo alegre, de boa vontade e segundo Deus: deste modo os ministros, os «anciãos» da comunidade, isto é, os presbíteros, poderão ser «modelo» do rebanho que, por sua vez, é chamado a assumir, frente ao mundo inteiro, essa atitude sacerdotal de serviço à plenitude da vida do homem e à sua libertação integral.

46 Cf *Propositio* 8
47 *Serm. Morin Guelferbytanus,* 32, 1: *PLS* 2, 637.

22. A imagem de Jesus Cristo *Pastor da Igreja,* seu rebanho, retoma e repropõe, com novos e mais sugestivos matizes, os mesmos conteúdos da de Jesus Cristo Cabeça e servo. Tornando realidade o anúncio profético do Messias Salvador, cantado jubilosamente pelo salmista e pelo profeta Ezequiel (cf. *Sl* 22; *Ez* 34,11-31), Jesus autoapresenta-se como «o Bom Pastor» (*Jo* 10,11.14) não só de Israel, mas de todos os homens (*Jo* 10,16). E a sua vida é uma ininterrupta manifestação, melhor, uma cotidiana realização da sua «caridade pastoral»: sente compaixão pelas multidões porque estão cansadas e esgotadas como ovelhas sem pastor (cf. *Mt* 9,35-36); procura as dispersas e tresmalhadas (cf. *Mt* 18,12-14) e festeja o tê-las reencontrado, recolhe-as e defende-as, conhece-as e as chama uma a uma pelo seu nome (cf. *Jo* 10,3), e as conduz aos pastos verdejantes e às águas refrescantes (cf. *Sl* 22), para elas põe a mesa, alimentando-as com a sua própria vida. Esta vida a oferece o Bom Pastor com a sua morte e ressurreição, como canta a liturgia romana da Igreja: «Ressuscitou o Bom Pastor que deu a vida por suas ovelhas, e por seu rebanho se entregou à morte. Aleluia».[48]

Pedro chama a Jesus o «Príncipe dos Pastores» (*1Pd* 5,4), porque a sua obra e missão continuam na Igreja através dos apóstolos (cf. *Jo* 21,15-17) e seus sucessores (cf. *1Pd* 5,1-4), e através dos presbíteros. Em virtude da sua consagração, estes são configurados a Jesus Bom Pastor e são chamados a imitar e a reviver a sua própria caridade pastoral.

---

[48] MISSAL ROMANO, Antífona da Comunhão na Missa do IV Domingo de Páscoa.

A entrega de Cristo à sua Igreja, fruto do seu amor, está conotada com aquela dedicação original que é própria do esposo em seu relacionamento com a esposa, como por mais de uma vez sugerem os textos sagrados. *Jesus é o verdadeiro Esposo* que oferece o vinho da salvação à Igreja (cf. *Jo* 2,1-11). Ele, que é «cabeça da Igreja (...) e salvador do seu corpo» (*Ef* 5,23), «amou a Igreja e se entregou a si mesmo por ela, a fim de a tornar santa, purificando-a por meio do banho da água acompanhado da palavra, de modo a fazer aparecer diante de si a Igreja resplandecente, sem mancha nem ruga ou qualquer coisa de semelhante, mas santa e imaculada» (*Ef* 5,25-27). A Igreja, é efetivamente, o Corpo, no qual está presente e operante Jesus Cristo Cabeça, mas é também a Esposa, que surge como nova Eva do lado aberto do Redentor sobre a cruz: por isto mesmo, Cristo está «diante» da Igreja, «alimenta-a e cuida dela» (*Ef* 5,29) com o dom da sua vida. O sacerdote é chamado a ser imagem viva de Jesus Cristo, Esposo da Igreja:[49] sem dúvida, ele permanece sempre parte da comunidade como crente, juntamente com todos os outros irmãos e irmãs convocados pelo Espírito, mas por força da sua incorporação a Cristo Cabeça e Pastor, encontra-se na referida posição de esposo perante a comunidade. «Enquanto representa a Cristo Cabeça, Pastor e Esposo da Igreja, o sacerdote coloca-se não só na Igreja, mas perante a Igreja».[50] Portanto, ele é chamado, na sua vida espiritual, a reviver o amor de Cristo Esposo em sua relação com

49 Carta Ap. *Mulieris Dignitatem* (15 de Agosto de 1988), 26 *AAS* 80 (1988) 1715-1716.

50 *Propositio* 7.

a Igreja Esposa. A sua vida deve iluminar-se e orientar-se também por este tratamento nupcial que exige dele ser testemunha do amor nupcial de Cristo, ser, por conseguinte, capaz de amar a gente com um coração novo, grande e puro, com um autêntico esquecimento de si mesmo, com dedicação plena, contínua e fiel, juntamente com uma espécie de «ciúme» divino (cf. *2Cor* 11,2), com uma ternura que reveste inclusivamente os matizes do afeto materno, capaz de assumir as «dores de parto» até que «Cristo seja formado» nos fiéis (cf. *Gl* 4,19).

23. O princípio interior, a virtude que orienta e anima a vida espiritual do presbítero, enquanto configurado a Cristo Cabeça e Pastor, é a caridade *pastoral,* participação da própria caridade pastoral de Cristo Jesus: dom gratuito do Espírito Santo, e ao mesmo tempo tarefa e apelo a uma resposta livre e responsável do sacerdote.

O conteúdo essencial da caridade pastoral é o *dom de si; o total* dom de si mesmo *à Igreja,* à imagem e com o sentido de partilha do dom de Cristo. «A caridade pastoral é aquela virtude pela qual nós imitamos Cristo na entrega de si mesmo e no seu serviço. Não é apenas aquilo que fazemos, mas o *dom de nós mesmos* que manifesta o amor de Cristo por seu rebanho. A caridade pastoral determina o nosso modo de pensar e de agir, o modo de nos relacionarmos com as pessoas. E não deixa de ser particularmente exigente para nós».[51]

O dom de si mesmo, raiz e síntese da caridade pastoral, tem como destinatária a Igreja. Assim foi com

---

51 *Homilia* durante a Adoração eucarística em Seul (7 de Outubro de 1989), 2: *Insegnamenti,* XII/2 (1989) 785.

Cristo que «amou a sua Igreja e se entregou por ela» (*Ef* 5,25); assim deve ser com o presbítero. Pela caridade pastoral, que assinala o exercício do ministério sacerdotal como *«amoris officium»*,[52] «o sacerdote que acolhe a vocação ao ministério, está em condições de fazer disto uma escolha de amor, pela qual a Igreja e as almas se tornam o seu principal interesse e, com tal espiritualidade concreta, se torna capaz de amar a Igreja universal e a porção dela que lhe é confiada, com todo o entusiasmo de um esposo em sua relação com a esposa».[53] O dom de si mesmo não tem fronteiras, porque é marcado pelo mesmo dinamismo apostólico e missionário de Cristo Bom Pastor, que disse: «Tenho ainda outras ovelhas que não são deste redil; também as devo conduzir; escutarão a minha voz, e então haverá um só rebanho e um só pastor» (*Jo* 10,16).

No interior da comunidade eclesial, a caridade pastoral do sacerdote preconiza e exige, de um modo particular e específico, o seu relacionamento pessoal com o presbitério, unido com o bispo, como explicitamente escreve o Concílio: «a caridade pastoral exige que os presbíteros, para que não corram em vão, trabalhem sempre em união com os bispos e com os outros irmãos no sacercócio».[54]

O dom de si à Igreja tem a ver com ela, enquanto Corpo e *Esposa de Jesus Cristo*. Por isso, a caridade do padre se refere primeiramente a Jesus Cristo: só se amar

52 SANTO AGOSTINHO, *In Iohannis Evangelium Tractatus* 123, 5: *CCL* 36, 678.

53 Aos Sacerdotes participantes num Convênio promovido pela Conf. Ep. Italiana (4 de Novembro de 1980): *Insegnamenti*, III/2 (1980) 1055.

54 Decr. sobre o Ministério e a Vida dos Sacerdotes, *Presbyterorum Ordinis*, 14.

e servir a Cristo Cabeça e Esposo, a caridade se torna fonte, critério, medida, impulso de amor e de serviço do sacerdote para com a Igreja corpo e esposa de Cristo. É esta a consciência clara e viva do apóstolo Paulo, que, aos cristãos da Igreja de Corinto, escreve: «Quanto a nós, somos vossos servos por amor de Jesus» (2Cor 4,5). É esta, sobretudo, a doutrina explícita e programática de Jesus quando confia a Pedro o ministério de apascentar o rebanho, só depois da sua tríplice afirmação de amor, melhor dito, de um amor de predileção: «Perguntou-lhe pela terceira vez: "Simão, filho de João, tu me amas?". E Pedro respondeu: "Senhor, tu sabes tudo; tu sabes que te amo". Replicou-lhe Jesus: "Apascenta as minhas ovelhas"» (Jo 21,17).

A caridade pastoral, que tem a sua fonte específica no sacramento da Ordem, encontra a sua plena expressão e supremo alimento na *Eucaristia:* «Esta caridade pastoral — diz-nos o Concílio — brota sobretudo do sacrifício eucarístico, o qual constitui, portanto, o centro e a raiz de toda a vida do presbítero, de modo que a alma sacerdotal se esforçará por espelhar em si mesma o que é realizado sobre o altar do sacrifício».[55] É na Eucaristia, de fato, que é re-presentado, ou seja, de novo tornado presente o sacrifício da cruz, o dom total de Cristo à sua Igreja, o dom do seu Corpo entregue e do seu Sangue derramado, qual testemunho supremo do seu ser Cabeça e Pastor, Servo e Esposo da Igreja. Precisamente por isto, a caridade pastoral do sacerdote não apenas brota da Eucaristia, mas encontra na celebração

55 *Ibid.*

desta a sua mais alta realização, da mesma forma que da Eucaristia recebe a graça e a responsabilidade de conotar em sentido «sacrificial» a sua inteira existência.

Esta mesma caridade pastoral constitui o princípio interior e dinâmico capaz de unificar as múltiplas e diferentes atividades do sacerdote. Graças a ela, pode encontrar resposta a exigência permanente e essencial de unidade entre a vida interior e tantas atividades e responsabilidades do ministério, exigência sempre mais urgente num contexto sociocultural e eclesial fortemente assinalado pela complexidade, desagregação e dispersão. Somente a concentração de cada instante e de cada gesto à volta da opção fundamental e qualificante de «dar a vida pelo rebanho» pode garantir esta unidade vital, indispensável para a harmonia e para o equilíbrio espiritual do sacerdote: «A unidade de vida — recorda o Concílio — pode ser conseguida pelos presbíteros seguindo, no desempenho do próprio ministério, o exemplo de Cristo Senhor, cujo alimento era o cumprimento da vontade daquele que o tinha enviado a realizar a sua obra (...) Assim, representando o Bom Pastor, no mesmo exercício pastoral da caridade, encontrarão o vínculo da perfeição sacerdotal que tornará efetiva a unidade entre a sua vida e atividade».[56]

56 *Ibid.*

A VIDA ESPIRITUAL
NO EXERCÍCIO DO MINISTÉRIO

24. O Espírito do Senhor consagrou Cristo e o enviou a anunciar o Evangelho (cf. *Lc* 4,18). A missão não representa um elemento exterior e justaposto à consagração, mas constitui a sua meta intrínseca e vital: a *consagração é para a missão*. Assim, não só a consagração, mas *também a missão está sob o signo do Espírito, sob o seu influxo santificador.*

Assim aconteceu com Jesus. Assim foi o caso dos apóstolos e dos seus sucessores. Assim é com a Igreja inteira e, dentro dela, com os presbíteros: todos recebem o Espírito com seu dom e apelo de santificação, no âmbito e através da missão.[57]

Existe, portanto, uma íntima conexão entre a vida espiritual do presbítero e o exercício do seu ministério,[58] que o Concílio exprime da maneira seguinte: «Exercitando o ministério do Espírito e da justiça (cf. *2Cor* 3,8-9), os presbíteros são consolidados na vida do Espírito, com a condição, porém, de serem dóceis aos ensinamentos do Espírito de Cristo que os vivifica e guia. De fato, os presbíteros são orientados para a perfeição da vida por força das próprias ações que desenvolvem cotidianamente, como também de todo o seu ministério que exercitam em estreita união com o bispo e entre si. Mas a própria santidade dos presbíteros, por sua vez, contri-

---

57 Cf. PAULO VI, Exort. Ap. *Evangelii Nuntiandi* (8 de Dezembro de 1975), 75: *AAS* 68 (1976) 64-67.

58 Cf. *Propositio* 8.

bui muitíssimo para o desempenho eficaz do seu ministério».[59]

«Vive o mistério que é colocado em tuas mãos!» É este o convite e também a interpelação que a Igreja dirige ao presbítero no rito da Ordenação, no momento em que lhe são entregues as ofertas do povo santo para o sacrifício eucarístico. O «mistério» de que o presbítero é «dispensador» (cf. *1Cor* 4,1) é, no fundo, o próprio Jesus Cristo que, no Espírito, é fonte de santidade e apelo à santificação. O «mistério» exige ser inserido na vida real do presbítero. Por isso mesmo, exige grande vigilância e conscientização viva. É ainda o rito da ordenação a fazer preceder as palavras recordadas na recomendação: «Toma consciência daquilo que farás». Já Paulo alertava o bispo Timóteo: «Não transcures o dom espiritual que está em ti» (*1Tm* 4,14; cf. *2Tm* 1,6).

A relação entre a vida espiritual e o exercício do ministério sacerdotal pode encontrar uma explicação adequada, também a partir da caridade pastoral concedida pelo sacramento da Ordem. O ministério do sacerdote, precisamente porque é uma participação no ministério salvífico de Jesus Cristo Cabeça e Pastor, não pode deixar de re-exprimir e reviver aquela sua caridade pastoral que é, ao mesmo tempo, a fonte e o espírito do seu serviço e do dom de si próprio. Na sua realidade objetiva, o ministério sacerdotal é *«amoris officium»*, segundo a citada expressão de Santo Agostinho: precisamente esta realidade objetiva se coloca como fundamento e apelo para um *«ethos»* correspondente, que não

---

59 Decr. sobre o Ministério e a Vida dos Sacerdotes, *Presbyterorum Ordinis*, 12.

pode ser senão aquele de viver o amor, como salienta o mesmo santo: «*Sit amoris officium pascere dominicum gregem*».[60] Tal *ethos*, e portanto a vida espiritual, outra coisa não é senão o acolhimento na consciência e na liberdade, e, conseqüentemente, na mente, no coração, nas decisões e nas ações, da «verdade» do ministério sacerdotal como *amoris officium*.

25. É essencial para a vida espiritual, que se desenvolve através do exercício do ministério, que o sacerdote renove continuamente e aprofunde sempre mais a *consciência de ser ministro de Jesus Cristo*, em virtude da consagração sacramental e da configuração ao mesmo Cristo Cabeça e Pastor da Igreja.

Essa consciência não só corresponde à verdadeira natureza da missão que o sacerdote exerce em favor da Igreja e da humanidade, mas decide também a vida espiritual do presbítero que leva a cabo aquela missão. Efetivamente, o sacerdote não é escolhido por Cristo como uma «coisa», mas como uma «pessoa»: ele não é um instrumento inerte e passivo, mas um «instrumento vivo», como diz o Concílio, precisamente no ponto onde fala da obrigação de tender para esta perfeição.[61] É ainda o Concílio a designar os sacerdotes como «companheiros e colaboradores» de Deus «santo e santificador».[62]

Neste sentido, no exercício do ministério está profundamente comprometida a pessoa consciente, livre e

60 *In Iohannis Evangelium Tractatus* 123, 5: *l. c.*
61 Cf. Decr. sobre o Ministério e a Vida dos Sacerdotes, *Presbyterorum Ordinis*, 12.
62 *Ibid*, 5.

responsável do sacerdote. O liame a Jesus Cristo, que a configuração e a consagração do sacramento da Ordem asseguram, fundamenta e exige no sacerdote uma ulterior conexão que lhe é proporcionada pela «intenção», ou seja, pela vontade consciente e livre de fazer, mediante o gesto ministerial, aquilo que é intenção da Igreja. Uma tal ligação tende, pela sua própria natureza, a tornar-se o mais ampla e profunda possível, implicando a mente, os sentimentos, a vida, ou seja, uma série de disposições morais e espirituais correspondentes aos gestos ministeriais do padre.

Não há dúvida de que o exercício do ministério sacerdotal, especialmente a celebração dos sacramentos, recebe a sua eficácia de salvação da própria ação de Cristo Jesus, tornada presente nos sacramentos. Mas por um desígnio divino, que pretende exaltar a absoluta gratuidade da salvação, fazendo do homem ao mesmo tempo um «salvado» e um «salvador» — sempre e só com Jesus Cristo —, a eficácia do exercício do ministério é condicionada também pela maior ou menor receptividade e participação humana.[63] Particularmente, a maior ou menor santidade do ministro influi sobre o anúncio da Palavra, a celebração dos Sacramentos, e a condução da comunidade na caridade. Afirma-o claramente o Concílio: «A mesma santidade dos presbíteros (...) contribui muitíssimo para o desempenho eficaz de seu ministério: com efeito, se é verdade que a graça de Deus pode realizar a obra de salvação mesmo por meio

---

63 Cf. CONCÍLIO DE TRENTO, *Decretum de Justificatione*, cap. 7; *Decretum de Sacramentis*, cân. 6: *DS* 1529; 1606.

de ministros indignos. Apesar de tudo, Deus prefere ordinariamente manifestar as suas grandezas por meio daqueles que, mostrando-se mais dóceis aos impulsos e direção do Espírito Santo, possam dizer com o apóstolo, graças à sua íntima união com Cristo e à santidade de vida: "Já não sou eu que vivo, é Cristo que vive em mim" (*Gl* 2,20)».[64]

A consciência de ser ministro de Jesus Cristo Cabeça e Pastor implica também a certeza grata e alegre de uma singular graça recebida da parte dele: a de ter sido escolhido gratuitamente pelo Senhor como instrumento vivo da obra de salvação. Esta escolha testemunha o amor de Jesus Cristo pelo sacerdote. Precisamente este amor, como e mais do que qualquer outro amor, exige correspondência. Depois da Ressurreição, Jesus coloca a Pedro a questão fundamental sobre o amor: «Simão, filho de João, amas-me tu mais do que estes?» E à resposta de Pedro, segue a entrega da missão: «Apascenta os meus cordeiros» (*Jo* 21,15). Jesus pergunta a Pedro se o ama, antes e com o fim de lhe poder entregar o rebanho. Mas, na realidade, é o amor livre e prévio de Jesus a originar a solicitação ao apóstolo e a subseqüente entrega das «suas» ovelhas. Desta forma, o gesto ministerial, enquanto leva a amar e a servir a Igreja, impele a amadurecer cada vez mais no amor e no serviço a Jesus Cristo Cabeça, Pastor e Esposo da Igreja, um amor que se configura sempre como resposta ao amor prévio, livre e gratuito de Deus em Cristo. Por sua vez, o crescimento do amor a Jesus Cristo determina o cres-

---

64 Decr. sobre o Ministério e a Vida dos Sacerdotes, *Presbyterorum Ordinis,* 12.

cimento do amor pela Igreja: «Somos vossos pastores *(pascimus vobis)*, e convosco somos alimentados *(pascimur vobiscum)*. O Senhor nos dê a força de amarvos a tal ponto que possamos morrer por vós, de fato ou com o coração *(aut effectu aut affectu)*».[65]

26. Graças aos preciosos ensinamentos do Concílio Vaticano II,[66] podemos individuar as condições e as exigências, as modalidades e os frutos da íntima relação que existe entre a vida espiritual do sacerdote e o exercício do seu tríplice ministério: da Palavra, dos Sacramentos e do serviço da caridade.

Antes de mais, o sacerdote é *ministro da Palavra de Deus,* é consagrado e enviado a anunciar a todos o Evangelho do Reino, chamando cada homem à obediência da fé e conduzindo os crentes a um conhecimento e comunhão sempre mais profundos do mistério de Deus, revelado e comunicado a nós em Cristo. Por isso, o próprio sacerdote deve ser o primeiro a desenvolver uma grande familiaridade pessoal com a Palavra de Deus: não lhe basta conhecer o aspecto lingüístico ou exegético, sem dúvida necessário; precisa abeirar-se da Palavra com o coração dócil e orante, a fim de que ela penetre a fundo nos seus pensamentos e sentimentos e gere nele uma nova mentalidade — «o pensamento de Cristo» (*1Cor* 2,16) — de modo que suas palavras, suas opções e atitudes sejam cada vez mais uma transparência, um anún-

---

65 SANTO AGOSTINHO, *Sermo de Nat. Sanct. Apost. Petri et Pauli ex Evangelio in quo ait: Simon Iohannis diligis me?: Bibliotheca Casinensis* in G. MORIN (ed.), «Miscellanea Augustiniana» vol. I, (Roma 1930) p. 404.

66 Cf. Decr. sobre o Ministério e a Vida dos Sacerdotes, *Presbyterorum Ordinis*, 4-6; 13.

cio e um testemunho do Evangelho. Só «permanecendo» na Palavra, o presbítero se tornará perfeito discípulo do Senhor, conhecerá a verdade e será realmente livre, superando todo e qualquer condicionalismo adverso ou estranho ao Evangelho (cf. *Jo* 8,31-32). Ele deve ser o primeiro «crente» na Palavra, com plena consciência de que as palavras do seu ministério não são suas, mas daquele que o enviou. Desta Palavra, ele não é dono: é servo. Desta Palavra, ele não é o único possuidor: é devedor relativamente ao Povo de Deus. Precisamente porque evangeliza e para que possa evangelizar, o sacerdote, como a Igreja, deve crescer na consciência da sua permanente necessidade de ser evangelizado.[67] Ele anuncia a Palavra na qualidade de «ministro», participante da autoridade profética de Cristo e da Igreja. Por isso, para ter em si mesmo e dar aos fiéis a garantia de transmitir o Evangelho na sua integridade, o presbítero é chamado a cultivar uma sensibilidade, um amor e uma disponibilidade particular relativamente à Tradição viva da Igreja e do seu Magistério: estes não são estranhos à Palavra, servem, antes, a sua reta interpretação e conservam-lhe o autêntico sentido.[68]

É sobretudo na *celebração dos Sacramentos* e na Liturgia das Horas que o sacerdote é chamado a viver e a testemunhar a unidade profunda entre o exercício do ministério e a sua vida espiritual: o dom da graça oferecido à Igreja torna-se princípio de santidade e apelo de

---

[67] Cf. PAULO VI, Exort. Ap. *Evangelii Nuntiandi,* (8 de Dezembro de 1975), 15: *l. c.,* 13-15.

[68] Cf. Const. dogm. sobre a Divina Revelação, *Dei Verbum,* 8; 10.

santificação. Também para o sacerdote, o lugar verdadeiramente central, quer no ministério quer na vida espiritual, é ocupado pela Eucaristia, pois nela «encerra-se todo o tesouro espiritual da Igreja, isto é, o próprio Cristo, nossa Páscoa e Pão vivo que dá aos homens a vida, mediante a sua carne vivificada pelo Espírito Santo; assim são eles convidados e levados a oferecer, juntamente com ele, a si mesmos, os seus trabalhos e todas as coisas criadas».[69]

A vida espiritual do presbítero recebe conotações particulares dos diversos sacramentos, e em particular, da graça específica e própria de cada um deles. Aquela, de fato, é estruturada e plasmada pelas múltiplas características e exigências dos diversos sacramentos celebrados e vividos.

Gostaria de reservar uma palavra especial para o sacramento da Penitência, do qual os sacerdotes são ministros, mas devem ser também beneficiários, tornando-se testemunhas da misericórdia de Deus pelos pecadores. Retomo quanto escrevi na Exortação *Reconciliatio et Paenitentia:* «A vida espiritual e pastoral do sacerdote, como a dos seus irmãos leigos e religiosos, depende, na sua qualidade e no seu fervor, da prática pessoal assídua e conscienciosa do sacramento da Penitência. A celebração da Eucaristia e o ministério dos outros sacramentos, o zelo pastoral, o relacionamento com os fiéis, a comunhão com os irmãos no sacerdócio, a colaboração com o bispo, a vida de oração, numa palavra, toda a existên-

---

69 CONC. ECUM. VAT. II, Decr. sobre o Ministério e a Vida dos Sacerdotes, *Presbyterorum Ordinis*, 5.

cia sacerdotal sofre uma inexorável decadência, caso lhe venha a faltar, por negligência ou por qualquer outro motivo, o recurso periódico e inspirado por uma verdadeira fé e devoção ao sacramento da Penitência. Num sacerdote que deixasse de se confessar ou se confessasse mal, o seu *ser padre e o exercício do seu sacerdócio* bem cedo ressentir-se-iam, e disso se daria conta a própria comunidade da qual ele é pastor».[70]

Enfim, o sacerdote é chamado a reviver a autoridade e o serviço de Jesus Cristo Cabeça e Pastor da Igreja, *animando e guiando a comunidade eclesial, ou* seja, «reunindo a família de Deus como fraternidade animada na unidade», conduzindo-a ao Pai «por meio de Cristo no Espírito Santo».[71] Este *«munus regendi »* é tarefa muito delicada e complexa, que inclui, para além da atenção às pessoas singulares e às diferentes vocações, a capacidade de coordenar todos os dons e carismas que o Espírito suscita na comunidade, verificando-os e valorizando-os para a edificação da Igreja, sempre em união com os bispos. Trata-se de um ministério que requer do sacerdote uma vida espiritual intensa, rica daquelas qualidades e virtudes típicas da pessoa que «preside» e «guia» uma comunidade, do «ancião» no sentido mais nobre e rico do termo: a fidelidade, a coerência, a sapiência, o acolhimento de todos, a afável bondade, a autorizada firmeza quanto às coisas essenciais, a libertação de pontos de vista demasiado subjetivos, o despren-

---

70 Exort. Ap. Pós-sinodal, *Reconciliatio et Paenitentia* (2 de Dezembro de 1984) 31, VI: *AAS* 77 (1985) 265-266.

71 CONC. ECUM. VATICANO II, Decr. sobre o Ministério e a Vida dos Sacerdotes, *Presbyterorum Ordinis*, 6.

dimento pessoal, a paciência, o gosto pela tarefa diária, a confiança no trabalho escondido da graça que se manifesta nos simples e nos pobres (cf. *Tt* 1,7-8).

A EXISTÊNCIA SACERDOTAL
E A RADICALIDADE EVANGÉLICA

27. «O Espírito do Senhor está sobre mim» (*Lc* 4,18). O Espírito Santo, infundido pelo sacramento da Ordem, é fonte de santidade e apelo à santificação, não só porque configura o sacerdote a Cristo Cabeça e Pastor da Igreja e lhe confia a missão profética, sacerdotal e régia a desempenhar em nome e na pessoa de Cristo, mas também porque anima e vivifica a sua existência cotidiana, enriquecendo-a com dons e exigências, com virtudes e impulsos, que se compendiam na caridade pastoral. Esta é a síntese unificante dos valores e virtudes evangélicas e, simultaneamente, a força que sustenta o seu desenvolvimento até à perfeição cristã.[72]

Para todos os cristãos, sem exclusão de ninguém, a radicalidade evangélica é uma exigência fundamental e irrecusável, que brota do apelo de Cristo a segui-lo e imitá-lo, em virtude da íntima comunhão de vida com ele operada pelo Espírito (cf. *Mt* 8,18-27; 10,37-42; *Mc* 8,34-38; 10,17-21; *Lc* 9,57-62). Essa mesma exigência, com maior razão, se põe aos sacerdotes, não só porque estão na Igreja, mas também porque se encontram à frente da Igreja, enquanto configurados a Cristo Cabeça

---

72 Cf. CONC. ECUM. VATICANO II, Const. dogm. sobre a Igreja, *Lumen Gentium*, 42.

e Pastor, habilitados e comprometidos com o ministério ordenado, e vivificados pela caridade pastoral. Ora, no âmbito e como manifestação da radicalidade evangélica, encontra-se um rico florescimento de múltiplas virtudes e exigências éticas que se tornam decisivas para a vida pastoral e espiritual do sacerdote, como, por exemplo, a fé, a humildade perante o mistério de Deus, a misericórdia e a prudência. Expressão privilegiada da radicalidade são os diversos «conselhos evangélicos», que Jesus propõe no Sermão da Montanha (cf. *Mt* 5-7), e, entre estes, os *conselhos,* intimamente coordenados entre si, da obediência, pobreza e castidade:[73] o sacerdote é chamado a vivê-los segundo as modalidades, e mais profundamente segundo as finalidades e significado original que derivam e exprimem a identidade própria do presbítero.

28. «Entre as virtudes que se afiguram mais necessárias no ministério dos presbíteros, convém recordar aquela disposição de ânimo pela qual estão sempre prontos a procurar não a própria vontade, mas a daquele que os enviou» (cf. *Jo* 4,34; 5,30; 6,38).[74] Trata-se da obediência que, no caso da vida espiritual do sacerdote, reveste algumas características particulares.

É, antes de mais, uma *obediência «apostólica»,* no sentido que reconhece, ama e serve a Igreja na sua estrutura hierárquica. Não existe, efetivamente, ministério sacerdotal senão na comunhão com o Sumo Pontífice e com o Colégio episcopal, e de uma forma particular, com

73 Cf. *Propositio 9.*

74 CONC. ECUM. VATICANO II, Decr. Sobre o Ministério e a Vida dos Sacerdotes, *Presbyterorum Ordinis,* 15.

o próprio bispo diocesano, aos quais se deve guardar «o filial respeito e a obediência» prometidos no rito da Ordenação. Esta «submissão» a quantos estão investidos da autoridade eclesial não tem nada de humilhante, antes deriva da liberdade responsável do presbítero, que acolhe não só as exigências de uma vida eclesial orgânica e organizada, mas também aquela graça de discernimento e de responsabilidade nas decisões eclesiais, que Jesus garantiu aos apóstolos e seus sucessores, a fim de ser conservado com fidelidade o mistério da Igreja e para que a coesão da comunidade cristã seja servida no seu unitário caminho para a salvação.

A obediência cristã autêntica, retamente motivada e vivida sem servilismos, ajuda o presbítero a exercitar, com evangélica transparência, a autoridade que lhe é confiada perante o Povo de Deus: sem autoritarismos ou preferências demagógicas. Só quem sabe obedecer em Cristo, sabe como requerer, segundo o Evangelho, a obediência de outrem.

A obediência presbiteral reveste, além disso, uma *exigência «comunitária»:* não se trata da obediência de um indivíduo singular que, como tal, se relaciona com a autoridade, mas pelo contrário, de uma obediência profundamente inserida na unidade do presbitério que, como tal, é chamado a viver a colaboração harmoniosa com o bispo e, por meio dele, com o Sucessor de Pedro.[75]

Este aspecto da obediência do sacerdote requer uma notável ascese, seja no sentido de um hábito a não se prender demasiado às próprias preferências ou a pon-

75 Cf. *Ibid.*

tos de vista particulares, seja na linha de deixar espaço aos irmãos no sacerdócio para que possam valorizar os seus talentos e capacidades, fora de qualquer ciúme, inveja ou rivalidade. A do sacerdote é uma obediência vivida em comum, que parte da pertença a um único presbitério e que, sempre no interior dele e com ele, exprime orientações e opções corresponsáveis.

Finalmente, a obediência sacerdotal possui um particular *caráter de «pastoralidade»*. A saber, vive-se num clima de constante disponibilidade para se deixar agarrar, como que «devorar», pelas necessidades e exigências do rebanho. Estas últimas devem revestir uma justa racionalidade, e por vezes terão de ser selecionadas e sujeitas a controle. Mas é inegável que a vida do presbítero é «ocupada» de modo pleno pela fome de Evangelho, de fé, de esperança e de amor de Deus, e do seu mistério, a qual mais ou menos conscientemente está presente no Povo de Deus a ele confiado.

29. Entre os conselhos evangélicos — diz o Concílio — «brilha este precioso dom da graça divina, dado pelo Pai a alguns (cf. *Mt* 19,11; *1Cor* 7,7), de se dedicarem unicamente a Deus, mais facilmente e com um coração indiviso (cf. *1Cor* 7,32-34), na virgindade e no celibato. Esta continência perfeita pelo Reino dos céus foi sempre tida em grande estima pela Igreja, como sinal e incentivo da caridade e como fonte privilegiada de fecundidade espiritual no mundo».[76] Na virgindade e no celibato, a castidade mantém o seu significado originá-

---

[76] Const. dogm. sobre a Igreja, *Lumen Gentium*, 42.

rio, o de uma sexualidade humana vivida como autêntica manifestação e precioso serviço ao amor de comunhão e de entrega interpessoal. Este mesmo significado subsiste plenamente na virgindade, que realiza, mesmo na renúncia ao matrimônio, o «significado nupcial» do corpo mediante uma comunhão e uma entrega pessoal a Jesus Cristo e à Igreja, que prefiguram e antecipam a comunhão e entrega perfeita e definitiva do Além: «Na virgindade, o homem está inclusive corporalmente em atitude de espera das núpcias escatológicas de Cristo com a Igreja, dando-se integralmente à Igreja na esperança de que Cristo a ela se entregue na plena verdade da vida eterna».[77]

Nesta luz se podem compreender facilmente e apreciar melhor os motivos da opção multissecular que a Igreja do Ocidente tomou e manteve, não obstante todas as dificuldades e objeções surgidas ao longo dos séculos, de conferir a Ordem presbiteral apenas a homens que dêem provas de serem chamados por Deus ao dom da castidade no celibato absoluto e perpétuo.

Os Padres sinodais exprimiram com força e clareza o seu pensamento mediante uma importante declaração, que merece ser integral e literalmente referida: «Sem pôr em causa a disciplina das Igrejas Orientais, o Sínodo, convicto de que a castidade perfeita no celibato sacerdotal é um carisma, recorda aos presbíteros que ela constitui um inestimável dom de Deus à Igreja e representa um valor profético para o mundo atual. Este

---

[77] Exort. Ap. *Famliaris Consortio*, 16: *AAS* 74 (1982) 98.

Sínodo, nova e veementemente, afirma tudo quanto a Igreja latina e alguns ritos orientais preconizam, a saber, que o sacerdócio seja conferido somente àqueles homens que receberam de Deus o dom da vocação à castidade celibatária (sem prejuízo da tradição de algumas Igrejas Orientais e dos casos particulares de clérigos já casados provenientes de conversões ao catolicismo, ao qual se aplica a exceção prevista na Encíclica de Paulo VI sobre o celibato sacerdotal, n. 42). O Sínodo não quer deixar dúvidas na mente de ninguém sobre a firme vontade da Igreja de manter a lei que exige o celibato livremente escolhido e perpétuo para os candidatos à ordenação sacerdotal no rito latino. O Sínodo solicita que o celibato seja apresentado e explicado na sua plena riqueza bíblica, teológica e espiritual, como dom precioso de Deus à sua Igreja e como sinal do Reino que não é deste mundo, sinal também do amor de Deus por este mundo e ainda do amor indiviso do sacerdote a Deus e ao seu povo, de modo que o celibato seja visto como enriquecimento positivo do sacerdócio».[78]

É particularmente importante que o sacerdote compreenda a motivação teológica da lei eclesiástica do celibato. Enquanto lei, exprime a *vontade da Igreja,* antes mesmo que seja expressa a vontade do sujeito mediante a sua disponibilidade. Mas a vontade da Igreja encontra a sua motivação última na *conecção que o celibato tem com a Ordenação sagrada,* a qual configura o sacerdote a Cristo Jesus, Cabeça e Esposo da Igreja. Esta, como Esposa de Cristo, quer ser amada pelo sacerdote

78 *Propositio* 11.

do modo total e exclusivo com que Jesus Cristo, Cabeça e Esposo a amou. O celibato sacerdotal é, então, o dom de si *em* e *com* Cristo *à* sua Igreja e exprime o serviço do presbítero à Igreja no e com o Senhor.

Para uma adequada vida espiritual do sacerdote, é preciso que o celibato seja considerado e vivido não como um elemento isolado ou puramente negativo, mas como um aspecto de orientação positiva, específica e característica do sacerdote: este, deixando pai e mãe, segue Jesus Bom Pastor, numa comunhão apostólica ao serviço do Povo de Deus. O celibato é, portanto, para ser acolhido por uma livre e amorosa decisão a renovar continuamente, como dom inestimável de Deus, como «estímulo da caridade pastoral»,[79] como singular participação na paternidade de Deus e na fecundidade da Igreja, e como testemunho do Reino escatológico perante o mundo. Para viver todas as exigências morais, pastorais e espirituais do celibato sacerdotal, é absolutamente necessária a oração humilde e confiante, como adverte o Concílio: «No mundo de hoje, quanto mais a continência perfeita é considerada impossível por tantas pessoas, com tanta maior humildade e perseverança devem os presbíteros implorar, juntamente com a Igreja, a graça da fidelidade que nunca é negada a quem a requer, recorrendo ao mesmo tempo aos meios sobrenaturais e naturais de que todos dispõem».[80] Será ainda a oração, unida aos sacramentos da Igreja e ao empenho ascético,

---

79 CONC. ECUM. VATICANO II, Decr. sobre o Ministério e a Vida dos Sacerdotes, *Presbyterorum Ordinis*, 16.

80 *Ibid.*

a infundir esperança nas dificuldades, confiança e coragem no retomar o caminho.

30. Da *pobreza evangélica* deram os Padres sinodais uma descrição concisa e profunda, apresentando-a como «submissão de todos os bens ao Bem supremo de Deus e do seu Reino».[81] Na realidade, só quem contempla e vive o mistério de Deus como único e sumo Bem, como verdadeira e definitiva Riqueza, pode compreender e realizar a pobreza, que não é certamente desprezo e recusa dos bens materiais, mas é uso grato e cordial destes bens e conjuntamente uma alegre renúncia a eles com grande liberdade interior, ou seja, em ordem a Deus e aos seus desígnios.

A pobreza do presbítero, em força da sua configuração sacramental a Cristo, Cabeça e Pastor, assume precisas conotações pastorais, sobre as quais, retomando e desenvolvendo a doutrina conciliar,[82] se detiveram os Padres sinodais. Entre outras coisas, escrevem: «Os sacerdotes, a exemplo de Cristo que, rico como era, se fez pobre por nosso amor (cf. 2Cor 8,9), devem considerar os pobres e os mais fracos como a eles confiados de uma maneira especial, e devem ser capazes de testemunhar a pobreza com uma vida simples e austera, sendo já habituados a renunciar generosamente às coisas supérfluas (*Optatam Totius*, 9; *C.I.C,* cân. 282)».[83]

É verdade que o «operário é digno do seu salário» (*Lc* 10,7) e que «o Senhor determinou que aqueles

81 *Propositio* 8.
82 Cf. Decr. sobre o Ministério e a Vida dos Sacerdotes, *Presbyterorum Ordinis* 17.
83 *Propositio* 10.

que anunciam o Evangelho vivam do Evangelho» (*1Cor* 9,14). Mas é também verdade que este direito do apostolado não pode de forma alguma confundir-se com qualquer pretensão de submeter o serviço do Evangelho e da Igreja às vantagens e interesses que daí possam derivar. Só a pobreza assegura ao presbítero a disponibilidade para ser enviado onde o seu trabalho se torna mais útil e urgente, mesmo com sacrifício pessoal. É condição e premissa indispensável para a docilidade do apóstolo ao Espírito, que o torna pronto a «ir» sem laços nem amarras, seguindo apenas a vontade do Mestre (cf. *Lc* 9,57-62; *Mc* 10,17-22).

Pessoalmente inserido na vida da comunidade e responsável por ela, o sacerdote deve dar também o testemunho de uma total «transparência» na administração dos bens da própria comunidade, que ele jamais deve tratar como se fossem patrimônio próprio, mas como algo de que deve dar contas a Deus e aos irmãos, sobretudo aos pobres. A consciência de pertencer a um presbitério impulsionará depois o sacerdote no empenho de favorecer seja uma distribuição mais equitativa dos bens entre os irmãos no sacerdócio, seja mesmo uma certa comunhão de bens (cf. *At* 2,42-47).

A liberdade interior, que a pobreza evangélica guarda e alimenta, habilita o padre a estar ao lado dos mais fracos, a tornar-se solidário com os seus esforços pela construção de uma sociedade mais justa, a ser mais sensível e capaz de compreensão e discernimento dos fenômenos que dizem respeito ao aspecto econômico e social da vida, a promover a opção preferencial pelos pobres: esta, sem excluir ninguém do anúncio e do dom da salvação, sabe inclinar-se perante os simples, os pecadores, os marginalizados de qualquer espécie, de acordo com o modelo oferecido por Jesus no desenvolvimento do seu ministério profético e sacerdotal (cf. *Lc* 4,18).

Não deve ser esquecido também o significado profético da pobreza sacerdotal, particularmente urgente no seio de sociedades opulentas e consumistas: «O sacerdote verdadeiramente pobre é, sem dúvida, um sinal concreto do desprendimento, da renúncia e da não submissão à tirania do mundo contemporâneo que coloca toda a sua confiança no dinheiro e na segurança material».[84]

Jesus Cristo, que na cruz leva à perfeição a sua caridade pastoral por um abissal despojamento interior e exterior, é o modelo e a fonte das virtudes da obediência, castidade e pobreza, que o presbítero é chamado a viver como expressão do seu amor pastoral pelos irmãos. De acordo com o que Paulo escreve aos cristãos de Filipos, o sacerdote deve possuir os mesmos sentimentos de Jesus Cristo, despojando-se do seu próprio «eu» para encontrar, na caridade obediente, casta e pobre, a via mestra da união com Deus e da unidade com os irmãos (cf. *Fl* 2,5).

84 *Ibid.*

A PERTENÇA E A DEDICAÇÃO
À IGREJA PARTICULAR

31. Como toda a vida espiritual autenticamente cristã, também a vida do sacerdote possui uma *essencial e irrenunciável dimensão eclesial:* é participação na santidade da própria Igreja, que no Credo professamos como «Comunhão dos Santos». A santidade do cristão deriva daquela da Igreja, exprime-a e ao mesmo tempo enriquece-a. Esta dimensão eclesial reveste modalidades, finalidades e significados particulares na vida espiritual do presbítero, em virtude de sua relação específica com a Igreja, sempre a partir de sua configuração a Cristo, Cabeça e Pastor, de seu ministério ordenado, de sua caridade pastoral.

Nesta perspectiva, é preciso considerar como valor espiritual do presbítero a sua integração e dedicação a uma Igreja particular. Estas, na verdade, não são motivadas apenas por razões organizativas e disciplinares. Pelo contrário, o relacionamento com o bispo no único presbitério, a partilha de sua solicitude eclesial, a dedicação ao cuidado evangélico do Povo de Deus, nas concretas condições históricas e ambientais da Igreja particular são elementos de que não se pode prescindir ao delinear o perfil próprio do sacerdote e de sua vida espiritual. Neste sentido, a «incardinação» não se esgota num vínculo puramente jurídico, mas comporta uma série de atitudes e opções espirituais e pastorais que contribuem para conferir uma fisionomia específica à figura vocacional do presbítero.

É necessário que o sacerdote tenha a consciência de que o seu «estar numa Igreja particular» constitui por natureza um elemento qualificante para viver uma espiritualidade cristã. Nesse sentido, o presbítero encontra, precisamente na sua pertença e dedicação à Igreja particular, uma fonte de significados, de critérios de discernimento e ação, que configuram quer a sua missão pastoral quer a sua vida espiritual.

Para o caminho da perfeição podem contribuir também outras inspirações ou a referência a outras tradições de vida espiritual, capazes de enriquecer a vida espiritual dos presbíteros e de dotar o presbitério de preciosos dons espirituais. É este o caso de muitas agregações eclesiais antigas e modernas, que no seu âmbito acolhem também sacerdotes: das sociedades de vida apostólica aos institutos seculares presbiterais, das várias formas de comunhão e partilha espiritual aos movimentos eclesiais. Os sacerdotes, que pertencem a ordens e congregações religiosas, são uma riqueza espiritual para todo o presbitério diocesano, ao qual proporcionam o contributo de carismas específicos e ministérios qualificados, estimulando com a sua presença a Igreja particular a viver mais intensamente a sua abertura universal.[85]

A pertença do sacerdote à Igreja particular e a sua dedicação até ao dom da própria vida pela edificação da Igreja «na pessoa» de Cristo, Cabeça e Pastor, ao serviço de toda a comunidade cristã, em cordial e filial refe-

---

85 Cf. CONGR. PARA OS RELIGIOSOS E OS INSTITUTOS SECULARES e CONGR. PARA OS BISPOS, Notas diretivas para as mútuas relações entre os bispos e os religiosos na Igreja, *Mutuae Relationes* (14 de Maio de 1978), 18: *AAS* 70 (1978) 484-485.

rência ao bispo, deve sair reforçada na assunção de qualquer carisma que venha a fazer parte da existência sacerdotal ou se coloque a seu lado.[86]

Para que a abundância dos dons do Espírito seja acolhida na alegria e feita frutificar para a glória de Deus e para o bem da Igreja inteira, exige-se da parte de todos, em primeiro lugar, o conhecimento e o discernimento dos carismas próprios e de outrem, e o seu exercício sempre acompanhado pela humildade cristã, pela coragem da autocrítica, pela intenção, predominante sobre qualquer outra preocupação de contribuir para a edificação da inteira comunidade, a cujo serviço está posto todo e qualquer carisma particular. Requer-se, portanto, de todos um sincero esforço de recíproca estima, de mútuo respeito e de coordenada valorização de todas as positivas e legítimas diversidades presentes no presbitério. Tudo isto faz parte também da vida espiritual e da contínua ascese do sacerdote.

32. A pertença e a dedicação à Igreja particular não confinam a esta, a atividade e a vida do sacerdote: não podem, de fato, ser confinadas, pela própria natureza quer da Igreja particular,[87] quer do ministério sacerdotal. A este respeito, diz o Concílio: «O dom espiritual que os presbíteros receberam na Ordenação não os prepara para uma missão limitada e restrita, mas sim para a imensa e universal missão da salvação "até aos confins da terra" (*At* 1,8); de fato, todo o ministério sacerdotal participa

86 Cf. *Propositio* 25; 38.
87 Cf. CONC. ECUM. VATICANO II, Const. dogm. sobre a Igreja, *Lumen Gentium*, 23.

da mesma amplitude universal da missão confiada por Cristo aos apóstolos».[88]

Daqui se condui que a vida espiritual dos padres deve estar profundamente assinalada pelo anseio e pelo dinamismo missionário. Compete-lhes, no exercício do ministério e no testemunho de vida, plasmar a comunidade a eles confiada como comunidade autenticamente missionária. Como escrevi na Encíclica *Redemptoris Missio*, «todos *os* sacerdotes devem ter um coração e uma mentalidade missionária, devem estar abertos às necessidades da Igreja e do mundo, atentos aos mais afastados e, sobretudo, aos grupos não cristãos do próprio ambiente. Na oração e, em particular, no sacrifício eucarístico, sintam a solicitude de toda a Igreja por toda a humanidade».[89]

Se este espírito missionário animar generosamente a vida dos sacerdotes, aparecerá facilitada a resposta àquela exigência cada vez mais grave hoje na Igreja, que nasce de uma desigual distribuição do clero. Neste sentido, já o Concílio foi suficientemente preciso e incisivo: «Tenham presente os presbíteros que devem tomar a peito a solicitude por todas as Igrejas. Para tal, os presbíteros daquelas dioceses que possuem maior abundância de vocações mostrem-se de boa vontade preparados para, com o prévio consentimento ou convite do proprio Ordinário, exercer o seu ministério nas regiões, missões ou obras que sofram escassez de clero».[90]

---

88 Decr. sobre o Ministério e a Vida dos Sacerdotes, *Presbyterorum Ordinis*, 10; cf. *Propositio* 12.

89 Cart. Enc. *Redemptoris Missio*, (7 de Dezembro de 1990), 67: *AAS* 83 (1991), 315-316.

90 Decr. sobre o Ministério e a Vida dos Sacerdotes, *Presbyterorum Ordinis*, 10.

«RENOVA NELES A EFUSÃO DO TEU ESPÍRITO DE SANTIDADE»

33. «O Espírito do Senhor está sobre mim; por isso me consagrou e me enviou a anunciar aos pobres a Boa-Nova» (*Lc* 4,18). Jesus faz ressoar ainda hoje, no nosso coração de sacerdotes, as palavras que pronunciou na sinagoga de Nazaré. A nossa fé, de fato, revela-nos a presença operante do Espírito de Cristo no nosso ser, no nosso agir e no nosso viver, tal como o configurou, habilitou e plasmou o sacramento da Ordem.

Sim, *o Espírito do Senhor é o grande protagonista da nossa vida espiritual.* Ele cria o «coração novo», anima e guia-o com a «nova lei» da caridade, da caridade pastoral. No desenvolvimento da vida espiritual, é fundamental a consciência de que nunca falta ao sacerdote a graça do Espírito Santo, como dom totalmente gratuito e tarefa responsabilizadora. A consciência do dom infunde e sustém a inabalável confiança do padre nas dificuldades, nas tentações, nas fraquezas que se encontram no seu caminho espiritual.

Reproponho a todos os sacerdotes aquilo que já numa outra ocasião disse a muitos deles: «a vocação sacerdotal é essencialmente uma chamada à santidade na forma que nasce do sacramento da Ordem. A santidade é intimidade com Deus, é imitação de Cristo pobre, casto e humilde; é amor sem reserva às almas e entrega pelo seu próprio bem; é amor à Igreja que é santa e nos quer santos, porque assim é a missão que Cristo lhe confiou. Cada um de vós deve ser santo também para ajudar os irmãos a seguir a sua vocação à santidade.

Como não refletir (...) sobre o papel essencial que o Espírito Santo desempenha no específico chamado à santidade, que é próprio do ministério sacerdotal? Recordemos as palavras do rito da Ordenação sacerdotal que são consideradas centrais na fórmula sacramental: "Concedei, Pai onipotente, a estes vossos filhos a dignidade do presbiterado. Renovai neles a efusão do vosso Espírito de santidade; cumpram fielmente, Senhor, o ministério do segundo grau sacerdotal de vós recebido e com o seu exemplo guiem a todos para uma íntegra conduta de vida".

Mediante a Ordenação, caríssimos, recebestes o mesmo Espírito de Cristo que vos torna semelhantes a ele, a fim de que possais agir em seu nome e viver em vós os seus próprios sentimentos. Esta comunhão íntima com o Espírito de Cristo, enquanto garante a eficácia da ação sacramental que vós realizais "in persona Christi", exige também exprimir-se no fervor da oração, na caridade pastoral de um ministério incansavelmente orientado para a salvação dos irmãos. Requer, numa palavra, a vossa santificação pessoal».[91]

---

[91] *Homilia* a 5.000 sacerdotes vindos de todo o mundo (9 de Outubro de 1984): *Insegnamenti,* VIII/2 (1984) 839.

CAPÍTULO IV

VINDE VER

A VOCAÇÃO SACERDOTAL
NA PASTORAL DA IGREJA

PROCURAR, SEGUIR, PERMANECER

34. *«Vinde ver»* (*Jo* 1,39). Desta forma responde Jesus aos dois discípulos de João Batista, que lhe perguntavam onde habitava. Nestas palavras, encontramos o significado da vocação.

Eis como o evangelista narra o chamamento de André e de Pedro: «No dia seguinte, João estava ainda lá com dois dos seus discípulos e, lançando o olhar para Jesus que passava, disse: "Eis o Cordeiro de Deus!". E os dois discípulos ouvindo-o falar daquela maneira, seguiram Jesus. Jesus voltou-se então e, vendo que o seguiam, disse: "Que procurais?". Responderam-lhe: "Rabbi, (que significa Mestre) onde moras?". Disse-lhes: "Vinde ver". Foram então e viram onde morava e permaneceram com ele naquele dia. Era pelas quatro horas da tarde.

Um dos dois que tinham escutado as palavras de João e que o tinham seguido era André, irmão de Simão Pedro. Encontrou, em primeiro lugar, seu irmão Simão e disse-lhe: "Encontramos o Messias (que significa

Cristo)" e levou-o a Jesus. Jesus, fixando nele o olhar disse: "Tu és Simão, filho de João. Chamar-te-ás Cefas (que quer dizer Pedro)"» (*Jo* 1,35-42).

Esta página do Evangelho é uma das muitas da Sagrada Escritura onde se descreve o «mistério» da vocação, no nosso caso o mistério da vocação para ser apóstolo de Jesus. A página de São João, que tem também um significado para a vocação cristã enquanto tal, reveste um valor emblemático no caso da vocação sacerdotal. A Igreja, comunidade dos discípulos de Jesus, é chamada a fixar o seu olhar sobre esta cena que, de certo modo, se renova continuamente na história. É convidada a aprofundar o sentido original e pessoal da vocação para o seguimento de Cristo no ministério sacerdotal e o laço indissociável entre a graça divina e a responsabilidade humana, encerrado e revelado nos dois termos que mais vezes encontramos no Evangelho: *vem e segue-me* (cf. *Mt* 19,21). É solicitada a decifrar e a percorrer o dinamismo próprio da vocação, o seu desenvolvimento gradual e concreto nas fases do *procurar Jesus,* do *segui-Lo* e do *permanecer com ele.*

A Igreja identifica neste «*Evangelho da vocação*» o paradigma, a força e o impulso de sua pastoral vocacional, ou seja, de sua missão destinada a cuidar do nascimento, discernimento e acompanhamento das vocações, particularmente das vocações ao sacerdócio. Precisamente porque «a falta de sacerdotes é por certo a tristeza de cada Igreja»,[92] a pastoral vocacional exige, sobretudo hoje, ser assumida com um novo, vigoroso e

92 *Discurso* final ao Sínodo (27 de Outubro de 1990), 5: *l. c.*

mais decidido compromisso por parte de todos os membros da Igreja, na consciência de que aquela não é um elemento secundário ou acessório, nem um momento isolado ou setorial, quase uma simples «parte», ainda que relevante, da pastoral global da Igreja: é sim, como repetidamente afirmaram os Padres sinodais, uma atividade intimamente inserida na pastoral geral de cada Igreja,[93] um cuidado que deve ser integrado e plenamente identificado com a «cura de almas» dita ordinária,[94] uma dimensão conatural e essencial da pastoral da Igreja, ou seja, da sua vida e da sua missão.[95]

Sim, a *dimensão vocacional é conatural e essencial à pastoral da Igreja*. A razão está no fato de que a vocação define, em certo sentido, o ser profundo da Igreja, ainda antes do seu operar. No próprio nome da Igreja, Ecclesia, está indicada a sua íntima fisionomia vocacional, porque ela é verdadeiramente «convocação», *Assembléia dos chamados:* «A todos aqueles que olham com fé para Jesus, como autor da salvação e princípio da unidade e da paz, Deus convocou-os e constituiu com eles a Igreja, para que seja para todos e cada um o sacramento visível desta unidade salvífica».[96]

Uma leitura propriamente teológica da vocação sacerdotal e da pastoral que lhe diz respeito pode brotar apenas da leitura do mistério da Igreja como *mysterium vocationis*.

---

93 Cf. *Propositio* 6.
94 Cf. *Propositio* 13.
95 Cf. *Propositio* 4.
96 CONC. ECUM. VATICANO II, Const. dogm. sobre a Igreja, *Lumen Gentium,* 9.

A IGREJA E O DOM DA VOCAÇÃO

35. Cada vocação cristã encontra o seu fundamento na eleição prévia e gratuita por parte do Pai, «que nos abençoou com toda a espécie de bênçãos espirituais nos céus em Cristo. Nele nos escolheu antes da criação do mundo, para sermos santos e imaculados na sua presença na caridade, predestinando-nos para sermos seus filhos adotivos por Jesus Cristo, segundo o beneplácito da sua vontade» (*Ef* 1,3-5).

Toda a vocação cristã vem de Deus, é dom divino. Todavia, ela nunca é oferecida fora ou independentemente da Igreja, mas passa sempre na Igreja e mediante a Igreja, porque, como nos recorda o Concílio Vaticano II, «aprouve a Deus santificar e salvar os homens, não individualmente, e excluída qualquer ligação entre eles, mas constituindo-os em povo, que o conhecesse na verdade e santamente o servisse».[97]

A Igreja não só abarca em si todas as vocações que Deus lhe oferece, no seu caminho de salvação, mas ela própria se configura como mistério de vocação, qual luminoso e vivo reflexo do mistério da Santíssima Trindade. Na realidade, a Igreja, «povo reunido pela unidade do Pai, do Filho, e do Espírito Santo»,[98] leva em si o mistério do Pai que, não chamado nem enviado por ninguém (cf. *Rm* 11,33-35), a todos chama a santificar o seu nome e a cumprir a sua vontade; guarda em si o mistério do Filho que é chamado e enviado pelo Pai a anun-

97 *Ibid.*
98 S. CIPRIANO, *De Dominica Oratione*, 23: *CCL* 3/A, 105.

ciar a todos o Reino de Deus e que a todos chama ao seu seguimento; é depositária do mistério do Espírito Santo que consagra para a missão aqueles que o Pai chama mediante o seu Filho Jesus Cristo.

Deste modo, a Igreja, que por inata constituição é «vocação», é *geradora e educadora de vocações*. Ela o é no seu ser de «sacramento», enquanto «sinal» e «instrumento» no qual ressoa e se realiza a vocação de cada cristão; ela o é no seu operar, ou seja, no desempenho do seu ministério de anúncio da Palavra, de celebração dos Sacramentos e de serviço e testemunho da caridade.

Agora pode-se compreender *a essencial dimensão eclesial da vocação cristã:* ela não só deriva «da» Igreja e da sua mediação, não só se faz reconhecer e realiza «na» Igreja, mas se configura — no fundamental serviço a Deus — também e necessariamente como serviço «à» Igreja. A vocação cristã, em qualquer das suas formas, é um dom destinado à edificação da Igreja, ao crescimento do Reino de Deus no mundo.[99]

O que dizemos de todas as vocações cristãs encontra uma realização específica na vocação sacerdotal: esta é chamada, através do sacramento da Ordem, recebido na Igreja, a pôr-se ao serviço do Povo de Deus com uma peculiar pertença e configuração a Jesus Cristo e com a autoridade de atuar «no nome e na pessoa» dele, Cabeça e Pastor da Igreja.

---

99 Cf. CONC. ECUM. VAT. II, Decr. sobre o Apostolado dos Leigos, *Apostolicam Actuositatem*, 3.

Nesta perspectiva se entende o que dizem os Padres sinodais: «A vocação de cada sacerdote subsiste na Igreja e para a Igreja: para ela se realiza uma semelhante vocação. Daqui se segue que cada presbítero recebe a vocação do Senhor, através da Igreja, como um dom gratuito, uma *gratia gratis data (charisma)*. Pertence ao bispo ou ao superior competente não só submeter a exame a idoneidade e a vocação do candidato, mas também reconhecê-la. Esta dimensão eclesiástica é inerente à vocação para o ministério presbiteral como tal. O candidato ao presbiterado deve receber a vocação, não impondo as próprias condições pessoais, mas aceitando as normas e as condições que a própria Igreja, por sua parte de responsabilidade, coloca».[100]

O DIÁLOGO VOCACIONAL: A INICIATIVA DE DEUS E A RESPOSTA DO HOMEM

36. A história de cada vocação sacerdotal, como aliás de qualquer outra vocação cristã, é a história de um *inefável diálogo entre Deus e o homem*, entre o amor de Deus que chama e a liberdade do homem que no amor responde a Deus. Estes dois aspectos indissociáveis da vocação, o dom gratuito de Deus e a liberdade responsável do homem, emergem de modo tão extraordinário quanto eficaz das brevíssimas palavras com as quais o evangelista Marcos apresenta a vocação dos Doze: Jesus «subiu depois ao monte, *chamou a si aqueles que quis*

[100] *Propositio 5.*

e eles foram ter com ele» (*Mc* 3,13). De um lado está a decisão absolutamente livre de Jesus, do outro o «ir» dos doze, ou seja, o «seguir» Jesus.

É este o paradigma constante, o dado irrecusável de cada vocação: a dos profetas, a dos apóstolos, dos sacerdotes, dos religiosos, dos leigos, de toda e qualquer pessoa.

Mas inteiramente prioritária, mais, prévia e decisiva é *a intervençao livre e gratuita de Deus que chama*. A iniciativa do chamamento pertence a ele. É esta, por exemplo, a experiência do profeta Jeremias: «Foime dirigida a Palavra do Senhor: "Antes de te formares no ventre materno, eu te conhecia, antes que viesses à luz eu te tinha consagrado; constituí-te profeta das nações"» (*Jr* 1,4-5). É a mesma verdade apresentada pelo apóstolo Paulo que fundamenta toda a vocação na eterna eleição de Cristo, levada a cabo «antes da criação do mundo» e «segundo o beneplácito da sua vontade» (*Ef* 1,5). 0 absoluto primado da graça na vocação encontra a sua perfeita proclamação na palavra de Jesus: «Não fostes vós que me escolhestes, mas fui eu que vos escolhi e vos estabeleci para que vades e deis fruto e o vosso fruto permaneça» (*Jo* 15,16).

Se a vocação sacerdotal testemunha, de modo inequívoco, o primado da graça, a livre e soberana decisão de Deus de chamar o homem exige absoluto respeito, não pode de modo algum ser forçada por qualquer pretensão humana, não pode ser substituída por qualquer decisão humana. A vocação é um dom da graça divina e jamais um direito do homem, da mesma forma que «não se pode considerar a vida sacerdotal como uma promoção simplesmente humana, nem a missão do ministro como um simples projeto pessoal».[101] Fica assim radicalmente excluída qualquer vaidade ou presunção dos chamados (cf. *Hb* 5,4-5). Todo o espaço espiritual do seu coração é tomado por uma comovida gratidão, por uma confiança e esperança inabaláveis, porque os chamados sabem que estão assentes não nas próprias forças, mas sobre a incondicional fidelidade de Deus que chama.

«Chamou aqueles que quis e estes foram ter com ele» (*Mc* 3,1). Este «ir», que se identifica com o «seguir» Jesus, exprime a resposta livre dos Doze ao chamamento do Mestre. Foi assim o caso de Pedro e de André: «E disse-lhes: "segui-me e farei de vós pescadores de homens". E eles, imediatamente deixando as redes, seguiram-no» (*Mt* 4,19-20). Idêntica foi a experiência de Tiago e João (cf. *Mt* 4,21-22). É sempre assim: na vocação resplandece conjuntamente o amor gratuito de Deus e a exaltação mais alta possível da liberdade do homem — a da adesão ao chamamento de Deus e do confiar-se a ele.

Na realidade, graça e liberdade não se opõem entre si. Pelo contrário, a graça anima e sustenta a liberdade humana, livrando-a da escravidão do pecado (cf. *Jo* 8,34-36), sanando e elevando-a em sua capacidade de abertura e de acolhimento do dom de Deus. E se não se pode atentar contra a iniciativa absolutamente gratuita de Deus que chama, também não se pode atentar contra a extrema seriedade com que o homem é desafiado na

---

101 *Angelus* (3 de Dezembro de 1989), 2: *Insegnamenti*, XII/2 (1989) 1417.

sua liberdade. Assim, ao «vem e segue-me» de Jesus, o jovem rico opõe uma recusa, sinal — mesmo que negativo — da sua liberdade: «Mas ele, entristecido por aquelas palavras, retirou-se abatido, porque possuía muitos bens» (*Mc* 10,22).

A liberdade, portanto, *é essencial à vocação,* uma liberdade que na resposta positiva se qualifica como adesão pessoal profunda, como doação de amor, ou melhor, de reentrega ao Doador que é Deus que chama, como oblação. «O chamamento — dizia Paulo VI — avalia-se pela resposta. Não pode haver vocações que não sejam livres; se elas não forem realmente oferta espontânea de si mesmo, conscientes, generosas, totais (...).» Oblações, digamos: aqui se encontra praticamente o verdadeiro problema (...). É a voz humilde e penetrante de Cristo que diz, hoje como ontem, e mais do que ontem: «vem!» A liberdade é colocada na sua base suprema: exatamente a da oblação, da generosidade, do sacrifício».[102]

A oblação livre, que constitui o núcleo íntimo e mais precioso da resposta do homem a Deus que chama, encontra o seu incomparável modelo, mais, a sua raiz viva na libérrima oblação de Jesus Cristo, o primeiro dos chamados, à vontade do Pai: «Por isso, ao entrar no mundo, Cristo disse: "Não quiseste sacrifícios nem oblações, mas preparaste-me um corpo" (...). Então eu disse: "Eis que venho (...) para fazer, ó Deus, a tua vontade"» (*Hb* 10,5-7).

---

[102] *Mensagem* para a V Jornada mundial de Oração pelas vocações sacerdotais (19 de Abril de 1968): *Insegnamenti,* VI (1968), 134-135.

Em íntima comunhão com Cristo, Maria, a Virgem Mãe, foi a criatura que, mais do que qualquer outra, viveu a plena verdade da vocação, porque ninguém como ela respondeu com um amor tão grande ao amor imenso de Deus.[103]

37. «Mas ele, entristecido por aquelas palavras, retirou-se abatido, porque possuía muitos bens» (*Mc* 10,22). O jovem rico do Evangelho, que não segue o chamamento de Jesus, recorda-nos os obstáculos que podem bloquear ou apagar a resposta livre do homem: não apenas os bens materiais podem fechar o coração humano aos valores do espírito e às radicais exigências do Reino de Deus, mas também algumas condições sociais e culturais do nosso tempo podem constituir não poucas ameaças e impor visões distorcidas e falsas acerca da verdadeira natureza da vocação, tornando difícil, se não mesmo impossível, o seu acolhimento e a sua própria compreensão.

Muitos possuem de Deus uma idéia tão genérica e confusa a ponto de se perderem em formas de religiosidade sem Deus, nas quais a vontade divina é concebida como um destino imutável e inelutável, face do qual o homem nada mais pode fazer que se adequar e resignar-se com plena passividade. Mas não é este o rosto de Deus que Jesus Cristo veio revelar-nos: Deus, de fato, é o Pai que com amor eterno e prévio chama o homem e o posiciona num diálogo maravilhoso e permanente com ele, convidando-o a partilhar, como filho, a sua própria

---

103 Cf *Propositio* 5.

vida divina. É claro que, com uma visão errada de Deus, o homem nem sequer pode reconhecer a verdade de si mesmo, pelo que a vocação não pode ser reconhecida nem muito menos vivida no seu autêntico valor: pode, quando muito, ser sentida como um peso imposto e insuportável.

Também certas idéias incorretas sobre o homem, freqüentemente apoiadas em pretensos argumentos filosóficos ou «científicos», induzem-no por vezes a interpretar a própria existência e liberdade como totalmente determinadas e condicionadas por fatores externos, de ordem educacional, psicológica, cultural ou ambiental. Outras vezes, a liberdade é entendida em termos de absoluta autonomia, pretende ser a única e incontestável fonte das opções pessoais, classifica-se como afirmação de si, a todo o custo. Mas dessa forma se fecha o caminho para entender e viver a vocação como livre diálogo de amor, que nasce da comunicação de Deus ao homem e se conclui no dom sincero de si próprio.

No contexto atual, não falta ainda a tendência para pensar de modo individualista e intimista o relacionamento do homem com Deus, como se o chamamento de Deus atingisse cada pessoa diretamente sem qualquer mediação comunitária, visando uma vantagem ou a própria salvação do indivíduo chamado, e não a dedicação total a Deus no serviço da comunidade. Assim encontramos uma outra profunda e ao mesmo tempo subtil ameaça, que torna impossível reconhecer e aceitar com alegria a dimensão eclesial inscrita na origem em toda vocação cristã, e na presbiteral de modo especial: de fato, como nos recorda o Concílio, o sacerdócio ministerial adquire o seu autêntico significado e realiza a plena verdade de si mesmo no servir e fazer crescer a comunidade cristã e o sacerdócio comum dos fiéis.[104]

O contexto cultural recordado agora, cujo influxo não está ausente do meio dos próprios cristãos, e particularmente dos jovens, ajuda a compreender o difundir-se da crise das mesmas vocações sacerdotais, originada e acompanhada pela mais radical crise de fé. Declararam-no explicitamente os Padres sinodais, reconhecendo que a crise das vocações ao presbiterado tem profundas raízes no ambiente cultural e na mentalidade e práxis dos cristãos.[105]

Daqui a urgência de que a pastoral vocacional da Igreja incida de modo decidido e prioritário na reconstrução da «mentalidade cristã», tal como é gerada e sustentada pela fé. É absolutamente necessária uma evangelização que não se canse de apresentar o verdadeiro rosto de Deus, o Pai que em Jesus Cristo chama cada um de nós, e o sentido genuíno da própria liberdade humana, qual princípio e força do dom responsável de si mesmo. Só dessa maneira serão colocadas as bases indispensáveis para que cada vocação, incluindo a sacerdotal, possa ser descoberta na sua verdade, amada na sua beleza e vivida com dedicação total e alegria profunda.

---

104 Cf. Const. dogm. sobre a Igreja, *Lumen Gentium*, 10, Decr. sobre o Ministério e a Vida dos Sacerdotes, *Presbyterorum Ordinis*, 12.

105 Cf. *Propositio* 13.

CONTEÚDOS
E MEIOS DA PASTORAL VOCACIONAL

38. Certamente a vocação é um mistério imperscrutável, que coinvolve o relacionamento que Deus instaura com o homem em sua unicidade e irrepetibilidade. Um mistério que deve ser percebido e sentido como um apelo que espera uma resposta nas profundezas da consciência, naquele «sacrário do homem onde ele se encontra a sós com Deus, cuja voz se faz ouvir na intimidade do seu ser».[106] Mas isto não elimina a dimensão comunitária e especificamente eclesial da vocação: a Igreja está realmente presente e operante na vocação de cada sacerdote.

No serviço à vocação sacerdotal e ao seu itinerário, ou seja, no nascimento, discernimento, e acompanhamento da vocação, a Igreja pode encontrar um modelo em André, um dos dois primeiros discípulos que se puseram a seguir Jesus. É ele mesmo que conta ao irmão o que lhe acontecera: «Encontramos o Messias(que significa Cristo)» (*Jo* 1,41). E a narração desta descoberta abre o caminho para o encontro: *«E levou-o a Jesus»* (*Jo 1*,42). Não há dúvidas sobre a iniciativa absolutamente livre e sobre a decisão soberana de Jesus. É Jesus que chama Simão e lhe dá um nome novo: «Jesus, fixando nele o olhar, disse: "Tu és Simão, filho de João; vais chamar-te Cefas (que quer dizer Pedro)"» (*Jo* 1,42). Mas André não deixou de ter a sua iniciativa: na verdade, solicitou o encontro do irmão com Jesus.

---

106 CONC. ECUM. VAT. II, Const. past. sobre a Igreja no Mundo contemporâneo, *Gaudium et Spes,* 16.

«E levou-o a Jesus.» Está aqui, em certo sentido, o coração de toda a pastoral vocacional da Igreja, pela qual ela vela pelo nascimento e crescimento das vocações, servindo-se dos dons e das responsabilidades, dos carismas e do ministério recebido de Cristo e do seu Espírito. Como povo sacerdotal, profético e real, ela está empenhada em promover e servir o florescimento e a maturação das vocações sacerdotais com a oração e a vida sacramental, com o anúncio da palavra e a educação da fé, com a orientação e o testemunho da caridade.

A Igreja, na sua dignidade e responsabilidade de povo sacerdotal, tem na *oração* e na *celebração da liturgia, os elementos essenciais e primários da pastoral vocacional.* A oração cristã, de fato, nutrindo-se da Palavra de Deus, cria o espaço ideal para que cada um possa descobrir a verdade do ser e a identidade do projeto de vida pessoal e irrepetível que o Pai lhe confia. É necessário, portanto, educar em particular as crianças e os jovens para que sejam fiéis à oração e à meditação da Palavra de Deus: no silêncio e na escuta poderão ouvir o chamamento do Senhor ao sacerdócio e segui-lo com prontidão e generosidade.

A Igreja deve acolher cada dia o convite persuasivo e exigente de Jesus, que pede para «rezar ao Senhor da messe que mande operários para a sua messe» (*Mt* 9,38). Obedecendo ao mandamento de Cristo, a Igreja realiza, antes de mais nada, uma humilde profissão de fé: ao rezar pelas vocações, ao mesmo tempo que toma consciência de toda a sua urgência para a própria vida e missão, reconhece que elas são um dom de Deus e, como tal, se devem pedir com uma súplica confiante e incessante. Esta oração, fulcro de toda a pastoral vocacional, deve, todavia, comprometer não apenas os indivíduos, mas também as inteiras comunidades eclesiais. Ninguém duvida da importância das iniciativas individuais de oração, dos momentos especiais reservados a esta invocação, a começar pelo Dia Mundial de Oração pelas Vocações, e do empenho específico de pessoas e grupos particularmente sensíveis ao problema das vocações sacerdotais. Mas, hoje mais do que nunca, a expectativa orante de novas vocações deve tornar-se um hábito constante e largamente partilhado na comunidade cristã e em toda e qualquer realidade eclesial. Poder-se-á assim reviver a experiência dos apóstolos que no Cenáculo, unidos com Maria, esperam em oração a efusão do Espírito (cf. *At* 1,14), o qual não deixará mais de suscitar no Povo de Deus «dignos ministros do altar, anunciadores fortes e humildes da palavra que nos salva».[107]

Ponto culminante e fonte de toda a vida da Igreja,[108] e em particular da oração cristã, a Liturgia desempenha também um papel indispensável e uma incidência privilegiada na pastoral das vocações. Aquela, de fato, constitui uma experiência viva do dom de Deus e uma grande escola para a resposta ao seu chamamento. Como tal, cada celebração litúrgica, e em primeiro lugar a Eucaristia, nos revela o rosto de Deus, nos faz comungar do mistério da Páscoa, ou seja, da «hora» para a qual Jesus veio ao mundo e livre e voluntariamente se enca-

---

107 MISSAL ROMANO, *Coleta* na Missa pelas Vocações às Ordens Sacras.

108 Cf. CONC. ECUM. VAT. II, Const. sobre a Sagrada Liturgia, *Sacrosanctum Concilium*, 1O.

minhou em obediência ao chamamento do Pai (cf. *Jo* 13,1), nos manifesta a fisionomia da Igreja como povo de sacerdotes e comunidade bem organizada na variedade e complementariedade dos carismas e das vocações. O sacrifício redentor de Cristo, que a Igreja celebra no mistério eucarístico, confere um valor particularmente precioso ao sofrimento vivido em união com o Senhor Jesus. Os Padres sinodais convidaram-nos a não esquecer nunca que «através da oferta dos sofrimentos, tão presentes na vida dos homens, o cristão doente se oferece a si próprio como vítima a Deus à imagem de Cristo, o qual por todos nós se consagrou a si mesmo (cf. *Jo* 17,19)», e que «a oferta dos sofrimentos segundo tal intenção é uma grande ajuda para a promoção das vocações».[109]

39. No exercício da sua missão profética, a Igreja sente como premente e irrecusável a tarefa de *anunciar e testemunhar o sentido cristão da vocação,* poderemos mesmo dizer o «evangelho da vocação». Interpela-nos, também neste campo, a urgência das palavras do Apóstolo: «Ai de mim se não evangelizar!» (*1Cor* 9,16). Tal advertência ressoa, antes de mais, em nós, pastores, e diz respeito, juntamente conosco, a todos os educadores na Igreja. A pregação e a catequese devem sempre manifestar a sua intrínseca dimensão vocacional: a palavra de Deus ilumina os crentes na avaliação da vida como resposta ao chamamento de Deus e leva-os a acolher na fé o dom da vocação pessoal.

---

[109] *Propositio* 15.

Mas tudo isto, apesar de importante e essencial, não basta: é necessária «uma pregação direta sobre o mistério da vocação na Igreja, sobre o valor do sacerdócio ministerial, e sobre a sua urgente necessidade para o Povo de Deus».[110] Uma catequese orgânica e proporcionada a todas as componentes da Igreja, além de dissipar dúvidas e refutar idéias unilaterais e distorcidas sobre o ministério sacerdotal, abre os corações dos crentes à expectativa do dom e cria condições aptas ao nascimento de novas vocações. É chegado o tempo de falar corajosamente da vida sacerdotal como um valor inestimável e como forma esplêndida e privilegiada de vida cristã. Os educadores, especialmente os sacerdotes, não devem ter medo de propor, de modo explícito e premente, a vocação ao presbiterado como possibilidade real para aqueles jovens que demonstram possuir os dons e capacidades a ela correspondentes. Não se deve ter receio de lhes condicionar ou limitar a liberdade; pelo contrário, uma proposta precisa, feita no momento certo, pode revelar-se decisiva para provocar nos jovens uma resposta livre e autêntica. De resto, a história da Igreja como a de tantas vocações sacerdotais, desabrochadas mesmo em tenra idade, atestam amplamente a providencial presença e palavra de um padre: não só da palavra mas também da presença, isto é, de um testemunho concreto e alegre capaz de fazer despertar interrogações e de conduzir mesmo a decisões definitivas.

40. Como povo real, a Igreja reconhece-se radicada e animada pela «lei do Espírito que dá vida» (*Rm* 8,2), que

110 *Ibid.*

é essencialmente a lei régia da caridade (cf. *Tg* 2,8) ou a lei perfeita da liberdade (cf. *Tg* 1,25). Ela cumpre, por isso, a sua missão quando guia *cada fiel para descobrir e para viver a própria vocação na liberdade e levá-la a bom termo na caridade.*

Na sua tarefa educativa, a Igreja interessa-se, com atenção privilegiada, por suscitar nas crianças, nos adolescentes e nos jovens o desejo e a decisão de um seguimento integral e comprometido com Jesus Cristo. O trabalho educacional, mesmo que diga respeito a toda a comunidade cristã enquanto tal, deve orientar-se para a pessoa singular: Deus, de fato, com o seu chamamento, atinge o coração de cada homem, e o Espírito, que mora no íntimo de cada discípulo (cf. *1Jo* 3,24), dá-se a cada cristão com carismas diversos e particulares manifestações. Cada um, portanto, deve ser ajudado a acolher o dom que, precisamente a ele como pessoa irrepetível e única, é confiado, e a escutar as palavras que o Espírito de Deus lhe dirige singularmente.

Nesta perspectiva, o cuidado pelas vocações ao sacerdócio saberá exprimir-se também numa firme e persuasiva proposta de *direção espiritual*. É preciso redescobrir a grande tradição do acompanhamento espiritual pessoal, que sempre deu tantos e tão preciosos frutos, na vida da Igreja: esse acompanhamento pode, em determinados casos e em condições bem precisas, ser ajudado, mas não substituído, por formas de análise ou de ajuda psicológica.[111] As crianças, os adolescentes e

---

111 Cf. *CIC* cân. 220: «A ninguém é lícito (...) violar o direito que cada pessoa tem de defender a própria intimidade»; cf. ainda cân. 642.

os jovens sejam convidados a descobrir e a apreciar o dom da direção espiritual, e a solicitá-lo com confiante insistência aos seus educadores na fé. Os sacerdotes, por sua vez, sejam os primeiros a dedicar tempo e energias a esta obra de educação e de ajuda espiritual pessoal: jamais se arrependerão de ter transcurado ou relegado para segundo plano muitas outras coisas, mesmo boas e úteis, se for necessário para manterem-se fiéis ao seu ministério de colaboradores do Espírito na iluminação e guia dos chamados.

Objetivo da educação do cristão é atingir, sob o influxo do Espírito, «a plena maturidade de Cristo» (*Ef* 4,13). Isto verifica-se quando, imitando e partilhando a sua caridade, se faz da própria vida um serviço de amor (cf. *Jo* 13,14-15), oferecendo a Deus um culto espiritual que lhe seja agradável (cf. *Rm* 12,1) e doando-se aos irmãos. O *serviço de amor é o sentido fundamental de toda a vocação,* que encontra uma realização específica na vocação do sacerdote: efetivamente ele é chamado a reviver, na forma mais radical possível, a caridade pastoral de Jesus, isto é, o amor do Bom Pastor que «dá a vida pelas ovelhas» (*Jo* 10,11).

Por isso, uma autêntica pastoral vocacional nunca se cansará de educar as crianças, os adolescentes e os jovens para a atração pelo compromisso, para o sentido do serviço gratuito, para o valor do sacrifício, para a doação incondicionada de si mesmo. Torna-se, então, particularmente útil a experiência do voluntariado, para o qual está crescendo a sensibilidade de tantos jovens: se for um voluntariado evangelicamente motivado, capaz de educar para o discernimento das carências, vivido cada dia com dedicação e fidelidade, aberto à eventualidade de um compromisso definitivo na vida consagrada, alimentado pela oração, poderá mais seguramente sustentar uma vida de compromisso desinteressado e gratuito, e tornará quem a ele se dedica mais sensível à voz de Deus que o pode chamar ao sacerdócio. Com diferença do jovem rico, o empenhado no voluntariado poderia aceitar o convite, cheio de amor, que Jesus lhe dirige (cf. *Mc* 10,21); e podê-lo-ia aceitar, porque os seus únicos bens consistem já no doar-se aos outros e no «perder» a sua vida.

TODOS SOMOS RESPONSÁVEIS
PELAS VOCAÇÕES SACERDOTAIS

41. A vocação sacerdotal é um dom de Deus, que constitui certamente um grande bem para aquele que é o seu primeiro destinatário. Mas é também um dom para a Igreja inteira, um bem para a sua vida e missão. A Igreja, portanto, é chamada a proteger este dom, a estimá-lo e amá-lo: ela é responsável pelo nascimento e pela maturação das vocações sacerdotais. Em conseqüência disso, a pastoral vocacional tem como sujeito ativo, como protagonista, a comunidade eclesial enquanto tal, nas suas diversas expressões: da Igreja universal à Igreja particular, e, analogamente, desta à paróquia e a todas as componentes do Povo de Deus.

É grande a urgência, sobretudo hoje, que se difunda e se radique a convicção de que *todos os membros da Igreja, sem exceção, tem a graça e a responsa-*

bilidade do cuidado pelas vocações. O Concílio Vaticano II é explícito, ao afirmar que «o dever de fomentar as vocações sacerdotais pertence a toda a comunidade cristã, que as deve promover sobretudo mediante uma vida plenamente cristã».[112] Só na base desta convicção, a pastoral das vocações poderá manifestar o seu rosto verdadeiramente eclesial, desenvolvendo uma ação concorde, servindo-se também de organismos específicos e de adequados instrumentos de comunhão e de co-responsabilidade.

A primeira responsabilidade da pastoral orientada para as vocações sacerdotais é do *bispo*,[113] que é chamado a vivê-la em primeira pessoa, ainda que possa e deva suscitar múltiplas colaborações. Ele é pai e amigo no seu presbitério, e é sua, antes de mais, a solicitude de «dar continuidade» ao carisma e ao ministério presbiteral, associando-lhe novos efetivos pela imposição das mãos. Ele cuidará que a dimensão vocacional esteja sempre presente em todos os âmbitos da pastoral ordinária, melhor, seja plenamente integrada e como que identificada com ela. Cabe-lhe a tarefa de promover e coordenar as várias iniciativas vocacionais.[114]

O bispo sabe que pode contar, em primeiro lugar, com a colaboração do seu presbitério. Todos *os sacerdotes* são solidários com ele e co-responsáveis na procura e promoção das vocações presbiterais. De fato, como

---

112 Decr. sobre a Formação Sacerdotal, *Optatam Totius,* 2.

113 Cf. CONC. ECUM. VAT. II, Decr. sobre o Ministério pastoral dos Bispos na Igreja, *Christus Dominus,* 15.

114 Cf. CONC. ECUM. VAT. II, Decr. sobre a Formação sacerdotal, *optatam Totius,* 2.

afirma o Concílio, «cabe aos sacerdotes, como educadores da fé, cuidar por si, ou por meio de outros, para que cada fiel seja levado, no Espírito Santo, a cultivar a própria vocação».[115] É esta «uma função que faz parte da própria missão sacerdotal, em virtude da qual o presbítero é feito participante da solicitude de toda a Igreja, para que jamais faltem, na Terra, operários para o Povo de Deus».[116] A própria vida dos padres, a sua dedicação incondicional ao rebanho de Deus, o seu testemunho de amoroso serviço ao Senhor e à sua Igreja — testemunho assinalado pela opção da cruz acolhida na esperança e na alegria pascal —, a sua concórdia fraterna e o seu zelo pela evangelização do mundo são o primeiro e mais persuasivo fator de fecundidade vocacional.[117]

Uma responsabilidade particularíssima está confiada à *família cristã* que, em virtude do sacramento do matrimônio, participa, de modo próprio e original, na missão educativa da Igreja mestra e mãe. Como disseram os Padres sinodais, «a família cristã — que é verdadeiramente "como que a igreja doméstica" (*Lumen Gentium*, 11) — sempre ofereceu e continua a oferecer as condições favoráveis para o desabrochar das vocações. Porque a imagem da família cristã se encontra hoje em perigo, deve-se atribuir grande importância à pastoral familiar, de modo que as próprias famílias, ao acolher generosamente o dom da vida humana, sejam "como que o primeiro seminário" (*Optatam Totius*, 2) onde os fi-

---

115 Decr. sobre o Ministério e a Vida dos Sacerdotes, *Presbyterorum Ordinis*, 6.

116 *Ibid.*, 11.

117 Cf. CONC. ECUM. VAT. II, Decr. sobre a Formação sacerdotal, *Optatam Totius*, 2.

lhos possam adquirir desde o início o sentido da piedade e da oração, e o amor à Igreja».[118] Em continuidade e sintonia com a obra dos pais e da família, deve colocar-se a *escola,* que é chamada a viver a sua identidade de «comunidade educadora» com uma proposta cultural também capaz de irradiar luz sobre a dimensão vocacional como valor conatural e fundamental da pessoa humana. Nesse sentido, se for oportunamente enriquecida de espírito cristão (seja através de significativas presenças eclesiais na escola estatal, segundo as várias leis nacionais, seja sobretudo no caso da escola católica), pode infundir no ânimo das crianças e dos jovens o desejo de cumprir a vontade de Deus no estado de vida mais idôneo para cada um, sem nunca excluir a vocação ao ministério sacerdotal».[119]

Também os *leigos,* em particular os catequistas, professores, educadores, animadores da pastoral juvenil, cada um segundo os recursos e modalidades próprias, têm uma grande importância na pastoral das vocações sacerdotais: quanto mais aprofundarem o sentido da sua vocação e missão na Igreja, tanto melhor poderão reconhecer o valor e caráter insubstituível da vocação e da missão presbiteral.

No âmbito das comunidades diocesanas e paroquiais, são de estimar e promover aqueles *grupos vocacionais* cujos membros oferecem o seu contributo de oração e de sacrifício pelas vocações sacerdotais e religiosas, senão mesmo de sustento moral e material.

118 *Propositio* 14.
119 *Propositio* 15.

Deveremos recordar, aqui também, os *grupos, movimentos e associações de fiéis leigos* que o Espírito Santo faz surgir e crescer na Igreja, em ordem a uma presença cristã mais missionária no mundo. Estas diversas agregações de leigos estão se revelando como campo particularmente fértil para a manifestação de vocações consagradas, verdadeiros e próprios lugares de proposta e de crescimento vocacional. Muitos jovens, de fato, precisamente no âmbito e graças a estes grupos, advertiram o chamamento do Senhor a segui-lo no caminho do sacerdócio ministerial,[120] e responderam com reconfortante generosidade. São, portanto, de valorizar, para que, em comunhão com toda a Igreja e para seu crescimento, dêem seu específico contributo para o desenvolvimento da pastoral vocacional.

As várias componentes e os diversos membros da Igreja empenhados na pastoral vocacional tornarão tanto mais eficaz sua obra quanto mais estimularem a comunidade eclesial como tal, a começar pela paróquia, a sentir que o problema das vocações sacerdotais não pode ser minimamente delegado a alguns «encarregados» (os sacerdotes em geral, e mais especialmente os sacerdotes dos seminários), porque, sendo «um problema vital que se coloca no próprio coração da Igreja»,[121] deve estar no centro do amor de cada cristão pela Igreja.

---

120 Cf. *Propositio* 16.

121 *Mensagem* para a XXII Jornada Mundial de Oração pelas Vocações (13 de Abril de 1985), 1: *AAS* 77 (1985) 982.

CAPÍTULO V

ESTABELECEU DOZE
QUE ESTIVESSEM COM ELE

A FORMAÇÃO DOS CANDIDATOS
AO SACERDÓCIO

VIVER NO SEGUIMENTO DE CRISTO
COMO OS APÓSTOLOS

42. «Subiu ao monte, chamou para junto de si aqueles que entendeu, e eles foram ter com ele. Estabeleceu doze que estivessem com ele e também para os enviar a pregar e para que tivessem o poder de expulsar demônios» (*Mc* 3,13-15).

«Que estivessem com ele»: nestas palavras, não é difícil ler o «acompanhamento vocacional» dos apóstolos por parte de Jesus. Depois de os ter chamado e antes de os enviar, melhor, para os poder enviar a pregar, o Senhor pede-lhes um «tempo» de formação, destinado a desenvolver um relacionamento de comunhão e de amizade profunda com ele mesmo. A estes, reserva ele uma catequese mais aprofundada relativamente à do povo (cf. *Mt* 13,11) e os quer testemunhas da sua silenciosa oração ao Pai (cf. *Jo* 17,1-26; *Lc* 22,39-45).

Na sua solicitude relativamente às vocações sacerdotais, a Igreja de todos os tempos inspira-se no exemplo de Cristo. Foram, e em boa parte são ainda agora, *muito diversas as formas concretas,* segundo as quais a Igreja se foi empenhando na pastoral vocacional, destinada não só a discernir, mas também a «acompanhar» as vocações ao sacerdócio. Mas o *espírito,* que as deve animar e sustentar, *permanece idêntico: o* de conduzir ao sacerdócio só aqueles que foram chamados e levá-los adequadamente formados, ou seja, com uma consciente e livre resposta de adesão e envolvimento de toda a sua pessoa com Jesus Cristo que chama à intimidade de vida com ele e à partilha de sua missão de salvação. Neste sentido, o «seminário» nas suas diversificadas formas, e, de modo análogo, a «casa de formação» dos sacerdotes religiosos, antes de ser um lugar, um espaço material, representa um espaço espiritual, um itinerário de vida, uma atmosfera que favorece e assegura um processo formativo, de modo que aquele que é chamado por Deus ao sacerdócio possa tornar-se, pelo sacramento da Ordem, uma imagem viva de Cristo, Cabeça e Pastor da Igreja. Em sua *Mensagem final,* os Padres sinodais intuíram, de modo imediato e profundo, o significado original e qualificante da formação dos candidatos ao sacerdócio, ao afirmarem que «viver em seminário, escola do Evangelho, significa viver o seguimento de Cristo como os apóstolos; significa deixar-se iniciar por ele no serviço do Pai e dos homens, sob a orientação do Espírito Santo; significa deixar-se configurar a Cristo, Bom Pastor, para um melhor serviço sacerdotal na Igreja e no mundo. Formar-se para o sacerdócio significa habituar-se a dar uma resposta pessoal à questão fundamental de

Cristo: "Tu me amas?". A resposta, para o futuro sacerdote, não pode ser senão o dom total de sua própria vida».[122]

Trata-se de traduzir este espírito, que não poderá jamais esmorecer na Igreja, nas condições sociais, psicológicas, políticas e culturais do mundo atual, aliás tão variadas quanto complexas, como testemunharam os Padres sinodais relativamente às diferentes Igrejas particulares. Com uma incidência carregada de notória preocupação, mas também de grande esperança, eles puderam conhecer e refletir longamente sobre o esforço de investigação e de atualização dos métodos de formação dos candidatos ao sacerdócio, presente em todas as suas Igrejas.

Esta Exortação pretende recolher o fruto dos trabalhos sinodais, estabelecendo alguns *dados adquiridos,* mostrando algumas *metas irrenunciáveis,* colocando à disposição de todos *a riqueza de experiências e de itinerários formativos já* experimentados positivamente. Ao longo das suas páginas, considera-se, de forma distinta, a formação «inicial» e a formação «permanente», sem nunca esquecer, no entanto, o laço profundo que as une e que deve fazer das duas um único itinerário orgânico de vida cristã e sacerdotal. A Exortação detém-se nas diversas *dimensões da formação humana, intelectual, espiritual e pastoral,* como também nos *ambientes e nos responsáveis pela* própria formação dos candidatos ao sacerdócio.

---

122 *Mensagem* dos Padres Sinodais ao Povo de Deus (28 de Outubro de 1990), IV: *l. c.*

I. AS DIMENSÕES DA FORMAÇÃO SACERDOTAL

A FORMAÇÃO HUMANA, FUNDAMENTO
DE TODA A FORMAÇÃO SACERDOTAL

43. «Sem uma oportuna formação humana, toda a formação sacerdotal ficaria privada do seu necessário fundamento.»[123] Esta afirmação dos Padres sinodais exprime não apenas um dado, cotidianamente sugerido pela razão e confirmado pela experiência, mas também uma exigência que encontra a sua motivação mais profunda e específica na própria natureza do presbítero e do seu ministério. Com efeito, chamado a ser «imagem viva de Jesus Cristo, Cabeça e Pastor da Igreja, ele deve procurar refletir em si mesmo, na medida do possível, aquela perfeição humana que resplandece no Filho de Deus feito homem e que transparece com particular eficácia em suas atitudes com os outros, tal como os evangelistas as apresentam. O ministério do sacerdote é, sim, o de anunciar a Palavra, de celebrar os Sacramentos, conduzir na caridade a comunidade cristã, «em nome e na pessoa de Cristo», mas isto, dirigindo-se sempre a homens concretos: «todo o sumo sacerdote, tomado de entre os homens, é constituído em favor dos homens nas coisas que dizem respeito a Deus» (*Hb* 5,1). Por isso mesmo, a formação humana dos padres revela a sua particular importância relativamente aos destinatários da sua missão: precisamente para que o seu ministério seja humanamente mais credível e aceitável, é necessário que

---

123 *Propositio* 21.

ele modele a sua personalidade humana de modo a torná-la ponte e não obstáculo para os outros, no encontro com Jesus Cristo, Redentor do homem; é preciso que, a exemplo de Jesus, que «sabia o que existe no interior de cada homem» (*Jo* 2,25; cf. 8,3-11), o sacerdote seja capaz de conhecer em profundidade a alma humana, intuir dificuldades e problemas, facilitar o encontro e o diálogo, obter confiança e colaboração, exprimir juízos serenos e objetivos.

Portanto, não só para uma justa e indispensável maturação e realização de si mesmo, mas também com vista ao ministério, os futuros presbíteros devem cultivar uma série de qualidades humanas necessárias à construção de personalidades equilibradas, fortes e livres, capazes de comportar o peso das responsabilidades pastorais. É preciso, pois, educação para o amor à verdade, à lealdade, ao respeito por cada pessoa, ao sentido da justiça, à fidelidade à palavra dada, à verdadeira compaixão, à coerência, e, particularmente, ao equilíbrio de juízos e comportamentos.[124] Um programa simples e empenhativo para esta formação humana é proposto pelo apóstolo Paulo aos Filipenses: «Tudo o que é verdadeiro, nobre, justo, puro, amável, honrado, o que é virtude e digno de louvor, é o que deveis ter no pensamento» (*Fl* 4,8). É interessante notar como Paulo, precisamente nestas qualidades profundamente humanas, se apresente a si próprio como modelo para os seus fiéis: «O que

---

124 Cf. CONC. ECUM. VAT. II, Decr. sobre a Formação sacerdotal, *Optatam Totius*, 11; Decr. sobre o Ministério e a Vida dos Sacerdotes, *Presbyterorum Ordinis*, 3; CONGR. PARA A EDUCAÇÃO CATÓLICA, *Ratio Fundamentalis Institutiones Sacerdotalis* (6 de Janeiro de 1970), 51: *l. c.,* 356-357.

aprendestes — prossegue imediatamente — recebestes, escutastes e vistes em mim, é o que deveis fazer» (*Fl* 4,9).

De particular importância se afigura a capacidade de relacionamento com os outros, elemento verdadeiramente essencial para quem é chamado a ser responsável por uma comunidade e a ser «homem de comunhão». Isto exige que o sacerdote não seja arrogante nem briguento, mas afável, hospitaleiro, sincero nas palavras e no coração,[125] prudente e discreto, generoso e disponível para o serviço, capaz de oferecer pessoalmente e de suscitar, em todos relacionamentos francos e fraternos, pronto a compreender, perdoar e consolar (cf. também *1Tm* 3,1-5; *Tt* 1,7-9). A humanidade de hoje, muitas vezes condenada a situações de massificação e de solidão, nomeadamente nas grandes concentrações urbanas, torna-se cada vez mais sensível ao valor da comunhão: este constitui, hoje, um dos sinais mais eloqüentes e uma das vias mais eficazes para a mensagem evangélica.

Neste contexto se insere, como momento qualificante e decisivo, a formação do candidato ao sacerdócio para uma maturidade afetiva, resultante de uma educação para o amor verdadeiro e responsável.

44. *A maturidade afetiva* supõe a consciência do lugar central do amor na existência humana. Na realidade, como escrevi na Encíclica *Redemptor Hominis,* «o homem não pode viver sem amor. Permanece para si mesmo um ser incompreensível, sua vida fica privada de

---

125 Cf. *Propositio* 21.

sentido, se não lhe for revelado o amor, se não se encontra com o amor, se não o experimenta e não o faz seu, se não participa nele vivamente».[126]

Trata-se de um amor que compromete a pessoa inteira, em suas dimensões e componentes físicas, psíquicas e espirituais, e se exprime no «significado nupcial» do corpo humano, graças ao qual a pessoa faz entrega de si mesma a outra e a acolhe. Para a compreensão e realização desta «verdade» do amor humano, tende a educação sexual retamente entendida. Efetivamente, devemos dar-nos conta de uma situação social e cultural difundida «que "banaliza" em grande parte a sexualidade humana porque a interpreta e a vive de modo redutor e empobrecido, relacionando-a unicamente com o corpo e com o prazer egoísta».[127] Freqüentemente as próprias situações familiares, de onde provêm as vocações sacerdotais, revelam a este respeito não poucas carências, e por vezes até graves desequilíbrios.

Num tal contexto, torna-se mais difícil, mas também mais urgente, uma *educação para a sexua*lidade que seja verdadeira e plenamente pessoal e que, portanto, dê lugar à estima e ao amor pela castidade, como «virtude que desenvolve a autêntica maturidade da pessoa e que a torna capaz de respeitar e promover o "significado nupcial" do corpo».[128]

Ora, a educação para o amor responsável e a maturidade afetiva da pessoa tornam-se absolutamente necessárias para quem, como o presbítero, é chamado ao

---

126 Carta Enc. *Redemptor Hominis* (4 de Março de 1979) 10: *AAS* 71 (1979) 274.
127 Exort. Ap. *Familiares Consortio*, 37: *l. c.*, 128.
128 *Ibid.*

celibato, ou seja, a oferecer, pela graça do Espírito e com a resposta livre da própria vontade, a totalidade do seu amor e da sua solicitude a Jesus Cristo e à Igreja. Em vista do compromisso celibatário, a maturidade afetiva deve saber incluir, no âmbito das relações humanas de serena amizade e de profunda fraternidade, um grande amor vivo e pessoal a Jesus Cristo. Como escreveram os Padres sinodais, «é de capital importância no suscitar a maturidade afetiva o amor de Cristo, prolongado numa dedicação universal. Assim, o candidato chamado ao celibato encontrará na maturidade afetiva um fulcro seguro para viver a castidade na fidelidade e na alegria».[129]

Pois que o carisma do celibato, mesmo quando é autêntico e provado, deixa intactas as tendências da afetividade e as excitações do instinto, os candidatos ao sacerdócio precisam de uma maturidade afetiva capaz de prudência, de renúncia a tudo o que a pode atacar, de vigilância sobre o corpo e o espírito, estima e respeito pelos relacionamentos interpessoais com homens e mulheres. Uma ajuda preciosa pode ser dada por uma adequada educação para a verdadeira amizade, à imagem dos vínculos de fraterno afeto que o próprio Cristo viveu em sua existência (cf. *Jo* 11,5).

A maturidade humana em geral, e a afetiva em particular, exigem uma formação clara e sólida para *uma liberdade* que se configura como obediência convicta e cordial à «verdade» do próprio ser, e ao «significado» do próprio existir, ou seja, ao «dom sincero de si mes-

129 *Propositio* 21.

mo» como caminho e fundamental conteúdo da autêntica realização do próprio ser».[130] Assim entendida, a liberdade requer que a pessoa seja verdadeiramente dona de si mesma, decidida a combater e a superar as diversas formas de egoísmo e de individualismo que atacam a vida de cada um, pronta a abrir-se aos outros, generosa na dedicação e no serviço do próximo. Isto é importante para a resposta a dar à vocação, e de forma especial à sacerdotal, e para a fidelidade a essa vocação, bem como aos compromissos com ela conexos, mesmo nos momentos difíceis. Neste itinerário educativo para uma amadurecida liberdade responsável, um auxílio pode vir da própria vida comunitária do seminário.[131]

Intimamente ligada à formação para a liberdade responsável, está a *educação da consciência moral:* esta, enquanto solicita do íntimo do próprio «eu» a obediência às obrigações morais, revela o significado profundo de tal obediência, isto é, o de ser uma resposta consciente e livre, e, por conseguinte, amorosa, às exigências de Deus e do seu amor. «A maturidade humana do sacerdote — escrevem os Padres sinodais — deve incluir especialmente a formação de sua consciência. O candidato, de fato, para poder fielmente satisfazer às suas obrigações para com Deus e com a Igreja e para poder sapientemente orientar as consciências dos fiéis, deve ser habituado a escutar a voz de Deus que lhe fala no íntimo do coração e a aderir com amor e firmeza à sua vontade».[132]

---

130 Cf. CONC. ECUM. VAT. II, Const. past. sobre a Igreja no Mundo contemporâneo *Gaudium et Spes,* 24.

131 Cf. *Propositio* 21.

132 *Propositio* 22.

A FORMAÇÃO ESPIRITUAL: EM COMUNHÃO COM DEUS E À PROCURA DE CRISTO

45. A própria formação humana, se desenvolvida no contexto de uma antropologia que respeite a totalidade da verdade sobre o homem, abre-se e completa-se na formação espiritual. Cada homem, criado por Deus e redimido pelo sangue de Cristo, é chamado a ser regenerado «pela água e pelo Espírito» (cf. *Jo* 3,5) e a tornar-se «filho no Filho». Está neste desígnio eficaz de Deus, o fundamento da dimensão constitutivamente religiosa do ser humano, aliás intuída e reconhecida pela simples razão: o homem está aberto ao transcendente, ao absoluto; possui um coração que vive inquieto enquanto não repousa no Senhor.[133]

É desta fundamental e indispensável exigência religiosa que parte e se desenrola o processo educativo de uma vida espiritual, entendida como relação e comunicação com Deus. Segundo a revelação e a experiência cristã, a formação espiritual possui a inconfundível originalidade que provém da «novidade» evangélica. Efetivamente «essa formação é obra do Espírito e compromete a pessoa em sua totalidade; introduz na comunhão profunda com Jesus Cristo, Bom Pastor; conduz a uma submissão de toda a vida ao Espírito numa atitude filial para com o Pai, e numa ligação fiel à Igreja. A formação espiritual radica na experiência da cruz para poder introduzir, em profunda comunhão, na totalidade do mistério pascal».[134]

---

133 Cf. SANTO AGOSTINHO, *Confes.,* I, 1: CSEL 33, 1.

134 SÍNODO DOS BISPOS, VIII Assem. Ger. Ord., *A formação dos sacerdotes nas circunstâncias atuais,* «Instrumentum Laboris», 30.

Como se pode ver, trata-se de uma formação espiritual que é comum a todos os fiéis, mas que exige ser estruturada segundo aqueles significados e conotações que derivam da identidade do presbítero e do seu ministério. E como para cada fiel, a formação espiritual se deve considerar central e unificante relativamente ao ser e ao viver do cristão, ou seja, da nova criatura em Cristo que caminha segundo o Espírito, assim, para cada sacerdote, a formação espiritual constitui o coração que unifica e vivifica o seu «ser padre» e o seu «agir de padre». Neste contexto, os Padres do Sínodo afirmam que «sem a formação espiritual, a formação pastoral desenrolar-se-ia privada de qualquer fundamento»[135] e que a formação espiritual constitui «como que o elemento de maior importância na formação sacerdotal».[136]

O conteúdo essencial da formação espiritual num preciso itinerário para o sacerdócio, é claramente expresso pelo decreto conciliar *Optatam Totius:* «A formação espiritual (...) seja ministrada de tal modo que os alunos aprendam a viver em íntima comunhão e familiaridade com o Pai por meio de seu Filho Jesus Cristo, no Espírito Santo. Destinados a configurar-se a Cristo Sacerdote por meio da Ordenação, habituem-se também a viver intimamente unidos a ele, como amigos, em toda a sua vida. Vivam o mistério pascal de Cristo, de modo a saberem, um dia, iniciar nele o povo que lhes será confiado. Sejam ensinados a procurar Cristo por meio da fiel meditação da Palavra de Deus; pela participação

135 *Propositio* 22.
136 *Propositio* 23.

ativa nos mistérios sacrossantos da Igreja, sobretudo na Eucaristia e na Liturgia das Horas; por meio do bispo que os envia e dos homens a quem são enviados, especialmente os pobres, simples, doentes, pecadores e descrentes. Com confiança filial, amem e venerem a Santíssima Virgem Maria, que foi entregue por Jesus moribundo na cruz, como Mãe, ao seu discípulo».[137]

46. O texto conciliar merece uma esmerada meditação, da qual se podem facilmente extrair alguns valores fundamentais e exigências do caminho espiritual do candidato ao sacerdócio.

Impõe-se, antes de mais nada, o valor e a exigência de *«viver intimamente unidos» a Jesus Cristo*. A união com o Senhor Jesus, que se fundamenta no Batismo e se alimenta com a Eucaristia, exige exprimir-se na vida de cada dia, renovando-a radicalmente. A íntima comunhão com a Santíssima Trindade, ou seja, a vida nova da graça que nos torna filhos de Deus, constitui a «novidade» do crente: uma novidade que envolve o ser e o operar. Constitui o «mistério» da existência cristã que está sob o influxo do Espírito: deve constituir, por conseguinte, o «ethos» da vida do cristão. Jesus ensinou-nos este maravilhoso conteúdo da vida cristã, que é, ao mesmo tempo, o coração da vida espiritual, com a alegoria da videira e dos sarmentos: «Eu sou a verdadeira videira e o meu Pai é o agricultor (...) permanecei em mim e eu em vós. Como o ramo não pode dar fruto se não estiver unido à videira, assim também vós, se

---

137 Decr. sobre a formação sacerdotal, *Optatam Totius*, 8.

não permanecerdes em mim. Eu sou a videira e vós os ramos. Quem permanece em mim e eu nele, esse dá muito fruto, porque sem mim nada podereis fazer» (*Jo* 15,1. 4-5).

Na cultura atual, não faltam, é certo, valores espirituais e religiosos, e o homem, apesar de toda a aparência em contrário, permanece incansavelmente um faminto e sedento de Deus. Porém, muitas vezes a religião cristã arrisca-se a ser considerada uma religião entre muitas outras, senão mesmo a ser reduzida a uma pura ética social ao serviço do homem. Assim, nem sempre emerge a sua desconcertante «novidade» na história: ela é «mistério», é o evento do Filho de Deus, que se faz homem, e dá a quantos o acolhem «o poder de se tornarem filhos de Deus» (*Jo* 1,12); é o anúncio, mais, é o dom da aliança pessoal de amor e de vida de Deus com o homem. Só se os futuros sacerdotes, por meio de uma adequada formação espiritual, tiverem, de fato, uma consciência profunda e experiência crescente deste «mistério», poderão comunicar aos outros tão surpreendente e beatificante anúncio (cf. *1Jo* 1,1-4).

O texto conciliar, ainda que consciente da absoluta transcendência do mistério cristão, conota a íntima comunhão dos futuros sacerdotes com Jesus, com o matiz da amizade. Esta não é uma absurda presunção do homem. É simplesmente o dom inestimável de Cristo, que disse aos seus apóstolos: «Já não vos chamo servos, porque o servo não sabe o que faz o seu senhor; chamo-vos amigos, porque tudo o que ouvi de meu Pai vo-lo dei a conhecer» (*Jo* 15,15).

O trecho referido prossegue indicando um segundo grande valor espiritual: *a procura de Jesus*. «Ensinem-se a procurar Cristo.» E este, juntamente com o *Quaerere Deum*, um tema clássico da espiritualidade cristã, que encontra uma aplicação específica no âmbito da vocação dos apóstolos. João, ao narrar o seguimento de Jesus dos dois primeiros discípulos, põe em claro o lugar ocupado por esta «procura». É o próprio Jesus que põe a pergunta: «Que procurais?» E os dois respondem: «Mestre, onde moras?» Prossegue o evangelista: «Disse-lhes: "vinde ver". Foram e viram onde habitava, e naquele dia ficaram com ele» (*Jo* 1,37-39). Em certo sentido, a vida espiritual de quem se prepara para o sacerdócio é dominada por esta procura: por esta e pelo «encontrar» o Mestre, para o seguir e permanecer em comunhão com ele. Também no ministério e na vida sacerdotal, esta procura deverá continuar, tão inesgotável é o mistério da imitação e da participação na vida de Cristo. Assim como deverá continuar este «encontrar» o Mestre, para transmiti-lo aos outros, melhor ainda, para despertar nos outros o desejo de procurar o Mestre. Mas isto só é verdadeiramente possível se for proposta aos outros uma «experiência» de vida, uma experiência que mereça ser partilhada. Foi este o caminho seguido por André para conduzir o irmão, Simão, a Jesus: André, escreve o evangelista João, «encontrou em primeiro lugar Simão, seu irmão, e disse-lhe: "encontrámos o Messias (que significa Cristo)" e conduziu-o a Jesus» (*Jo* 1,41-42). E assim também Simão será chamado como apóstolo, para o seguimento do Messias: «Jesus, fixando nele o olhar, disse: "Tu és Simão filho de João; chamar-te-ás Cefas (que quer dizer Pedro)"» (*Jo* 1,42).

Mas que significa, na vida espiritual, procurar Cristo? E onde encontrá-Lo? «Mestre, onde moras?». O decreto conciliar *Optatam Totius* indica um tríplice caminho a percorrer: a fiel meditação da Palavra de Deus, a ativa participação nos mistérios sacrossantos da Igreja, e o serviço da caridade aos simples. São três grandes valores e exigências que definem ulteriormente o conteúdo da formação espiritual do candidato ao sacerdócio.

47. Elemento essencial da formação espiritual é a *leitura meditada e orante da Palavra de Deus (lectio divina)*, é a escuta humilde e cheia de amor daquele que fala. É, de fato, à luz e pela força da Palavra de Deus, que pode ser descoberta, compreendida, amada e seguida a própria vocação e levada a cabo a própria missão, a ponto de que a inteira existência encontra o seu significado unitário e radical no ser ponto de chegada da Palavra de Deus que chama o homem e o ponto de partida da palavra do homem que responde a Deus. A familiaridade com a Palavra de Deus facilitará o itinerário de conversão não apenas no sentido de se separar do mal para aderir ao bem, mas também no sentido de se alimentar no coração os pensamentos de Deus, de modo que a fé, qual resposta à Palavra, se torne o novo critério de juízo e avaliação dos homens e das coisas, dos acontecimentos e dos problemas.

Contanto que a Palavra de Deus seja abordada e acolhida em sua verdadeira natureza, ela leva a encontrar o próprio Deus, que fala ao homem; leva a encontrar Cristo, Verbo de Deus, a Verdade que ao mesmo tempo é Caminho e Vida (cf. *Jo* 14,6). Trata-se de ler as «escrituras» escutando as «palavras», a «Palavra» de Deus, como nos recorda o Concílio: «As Sagradas Escrituras contêm a Palavra de Deus, e, porque inspiradas, são verdadeiramente Palavra de Deus».[138] E ainda noutro passo: «Com esta revelação, de fato, Deus invisível (cf. *Cl* 1,15; *1Tm* 1,7), no seu imenso amor fala aos homens como a amigos (cf. *Ex* 33,11; *Jo* 15,14-15) e convive com eles (cf. *Br* 3,38), para os convidar e admitir à comunhão com ele».[139]

O conhecimento amoroso e a familiaridade orante com a Palavra de Deus revestem um significado específico no ministério profético do sacerdote, para cujo adequado desenvolvimento se tornam uma condição imprescindível, sobretudo no contexto da «nova evangelização», à qual a Igreja é hoje chamada. O Concílio adverte: «É necessário que todos os clérigos, e sobretudo os sacerdotes de Cristo e outros que, como os diáconos e os catequistas, servem legitimamente ao ministério da Palavra, mantenham um contato íntimo com as Escrituras mediante a leitura assídua e o estudo diligente, a fim de que nenhum deles se torne "pregador vão e superficial da Palavra de Deus, por não a ouvir de dentro"» (SANTO AGOSTINHO, *Sermão* 179, 1: *PL* 38, 966).[140]

A primeira e fundamental forma de resposta à Palavra é a *oração*, que representa, sem qualquer sombra de dúvida, um valor e uma exigência primária na for-

---

138 Const. dogm. sobre a Revelação divina, *Dei Verbum,* 24.

139 *Ibid.,* 2.

140 *Ibid.,* 25.

mação espiritual. Esta deve levar os candidatos ao sacerdócio a conhecerem e experimentarem *o sentido autêntico da oração cristã,* isto é, o de ser um encontro vivo e pessoal com o Pai pelo Filho unigênito e sob a ação do Espírito Santo, um diálogo que se faz participação do colóquio filial que Jesus tem com o Pai. Um aspecto não por certo secundário da missão do padre é o de ser «educador para a oração». Mas só se ele foi formado e continua a formar-se na escola de Jesus orante, é que poderá formar os outros na mesma escola. Isto mesmo lhe pedem os homens: «O sacerdote é o *homem de Deus,* aquele que pertence a Deus e faz pensar em Deus. Quando a *Carta aos Hebreus* fala de Cristo, apresenta-o como um "sumo sacerdote misericordioso e fiel nas coisas que dizem respeito a Deus" (*Hb* 2,17) (...). Os cristãos esperam encontrar no sacerdote não só um homem que os acolhe, que os escuta com todo o gosto e lhes testemunha uma sincera simpatia, mas também e sobretudo um homem que *os ajuda a ver Deus,* a subir em direção a ele. É necessário, portanto, que o sacerdote seja formado para uma profunda intimidade com Deus. Aqueles que se preparam para o sacerdócio devem compreender que todo o valor da sua vida sacerdotal dependerá do dom que souberem fazer de si mesmos a Cristo e, por meio de Cristo, ao Pai».[141]

Num contexto de agitação e ruído como o da nossa sociedade, uma necessária pedagogia para a oração é a educação para o sentido profundamente humano e para o valor religioso do silêncio, qual atmosfera espiritual

---

141 *Angelus (4* de Março de 1990), 2-3: *L'Osservatore Romano,* 5-6/03/1990.

indispensável para se perceber a presença de Deus e para se deixar conquistar por ela (cf. *1Rs* 19,11-14).

48. O ponto culminante da oração cristã é a *Eucaristia*, que, por sua vez, se situa como *«cume e fonte» dos Sacramentos e da Liturgia das Horas*. Para a formação espiritual de todo e qualquer cristão, e especialmente do sacerdote, é inteiramente necessária a *educação litúrgica*, no pleno sentido de uma inserção vital no mistério pascal de Jesus Cristo morto e ressuscitado, presente e operante nos Sacramentos da Igreja. A comunhão com Deus, fulcro de toda a vida espiritual, é dom e fruto dos Sacramentos; e ao mesmo tempo é tarefa e responsabilidade que os Sacramentos confiam à liberdade do crente, para que viva esta mesma comunhão nas decisões, opções, atitudes e ações da sua existência cotidiana. Nesse sentido, a «graça», que torna «nova» a vida cristã, é a graça de Jesus Cristo morto e ressuscitado, que continua a derramar o seu Espírito Santo e a santificar nos Sacramentos; tal como a «nova lei», que deve guiar e regular a existência do cristão, a graça é inscrita pelos Sacramentos no «coração novo». Ela é ainda lei de caridade para com Deus e para com os irmãos, qual resposta e prolongamento do amor de Deus pelo homem, significado e comunicado pelos sacramentos. Pode-se compreender imediatamente o valor de uma participação «plena, consciente e ativa,[142] nas celebrações sacramentais, para o dom e a tarefa daquela «caridade pastoral» que constitui a alma do ministério sacerdotal.

---

142 CONC. ECUM. VAT. II, Const. dogm. sobre a Sagrada Liturgia, *Sacrosanctum Concilium*, 14.

Isto vale sobretudo para a participação na Eucaristia, memorial da morte sacrificial de Cristo e da sua gloriosa Ressurreição, «sacramento de piedade, sinal de unidade e vínculo de caridade»,[143] banquete pascal no qual «se recebe Cristo, a alma se enche de graça e nos é dado o penhor da glória futura».[144] Ora os padres, na sua qualidade de ministros das coisas sagradas, são sobretudo os ministros do sacrifício da Missa.[145] O seu papel é absolutamente insubstituível, pois sem sacerdote não pode haver oferta eucarística.

Isto explica a importância especial da Eucaristia na vida e Ministério sacerdotal, e conseqüentemente, na formação espiritual dos candidatos ao sacerdócio. Com grande simplicidade e no propósito de ser extremamente concreto, repito: «Convém, portanto, que os seminaristas participem *diariamente* na celebração eucarística, de tal modo que depois assumam como regra de sua vida sacerdotal esta celebração cotidiana. Eles deverão ser também educados no sentido de considerar a celebração eucarística como o *momento essencial do seu dia-a-dia,* no qual participarão ativamente, jamais se contentando com uma mera assistência rotineira. Enfim, os candidatos ao sacerdócio devem ser formados nas *íntimas disposições* que a Eucaristia promove: o *reconhecimento* pelos benefícios recebidos do Alto, pois a Eucaristia é ação

---

143 SANTO AGOSTINHO, *In Iohannis Evangelium Tractatus XXVI* 26, 13: *l. c.,* 266.

144 LITURGIA DAS HORAS, *Antífona* do «Magnificat» nas II Vésperas da Solenidade do Santíssimo Corpo e Sangue de Cristo.

145 Cf. CONC . ECUM . VAT. II, Decr. sobre o Ministério e a Vida dos Sacerdotes, *Presbyterorum Ordinis,* 13.

de graças; a *atitude oblativa* que os impele a unir à oferta eucarística de Cristo, a própria oferta pessoal; *a caridade* alimentada por um sacramento que é sinal de unidade e de partilha; o *desejo de contemplação e de adoração* diante de Cristo realmente presente sob as espécies eucarísticas».[146]

Imperioso e muito urgente é o apelo a redescobrir, no âmbito da formação espiritual, *a beleza e a alegria do sacramento da Penitência*. Numa cultura que, com renovadas e cada vez mais subtis formas de autojustificação, se arrisca a perder fatalmente o «sentido do pecado», e, em conseqüência, a alegria consoladora do pedido de perdão (cf. *Sl* 51,14) e do encontro com Deus «rico em misericórdia» (*Ef* 2,4), urge educar os futuros presbíteros para a virtude da penitência, que é sapientemente alimentada pela Igreja nas suas celebrações e nos tempos do ano litúrgico, e que encontra a sua plenitude no sacramento da Reconciliação. Daqui brotam o sentido da ascese e da disciplina interior, o espírito de sacrifício e de renúncia, a aceitação da fadiga e da cruz. Trata-se de elementos da vida espiritual que muitas vezes se revelam particularmente árduos para tantos candidatos ao sacerdócio criados em condições relativamente cômodas e abastadas e, por isso, tornados menos dispostos e sensíveis a estes mesmos elementos pelos modelos de comportamento e pelos ideais veiculados pelos meios de comunicação social, mesmo nos países onde as condições de vida são mais limitadas e a situação juvenil se apresenta mais austera. Por isso, mas sobretudo para reali-

---

146 *Angelus* (1 de Julho de 1990), 3: *L'Osservatore Romano*, 2-3/07/1990.

zar, segundo o exemplo de Cristo, Bom Pastor, a «radical entrega da si mesmo», própria dos sacerdotes, os Padres sinodais escreveram: «É necessário inculcar o sentido da cruz que está no coração do mistério pascal. Graças a esta identificação com Cristo crucificado, enquanto servo, o mundo pode reencontrar o valor da austeridade, da dor e mesmo do martírio, no interior da atual cultura embebida de secularismo, de avidez e de hedonismo».[147]

49. A formação espiritual comporta ainda o *procurar Cristo nos homens*. A vida espiritual é, de fato, vida interior, vida de intimidade com Deus, vida de oração e de contemplação. Mas precisamente o encontro com Deus e com o seu amor de Pai de todos, implica a exigência indeclinável do encontro com o próximo, do dom de si aos outros, no serviço humilde e desinteressado que Jesus propôs a todos como programa de vida, ao lavar os pés aos apóstolos: «Dei-vos o exemplo, para que tal como eu fiz, assim façais vós também» (*Jo* 13,15).

A formação para o dom generoso e gratuito de si mesmo, favorecido também pela forma comunitária normalmente assumida na preparação para o sacerdócio, representa uma condição irrecusável para quem é chamado a fazer-se epifania e transparência do Bom Pastor que dá a vida (cf. *Jo* 10,11. 15). Sob este aspecto, a formação espiritual possui e deve desenvolver a sua intrínseca dimensão pastoral ou caritativa, e pode utilmente servir-se também de uma justa, ou seja, sólida e terna devoção

---

147 *Propositio* 23.

ao Coração de Cristo, como sublinharam os Padres sinodais: «Formar os futuros sacerdotes na espiritualidade do Coração do Senhor, implica levar uma vida que corresponda ao amor e ao afeto de Cristo, Sacerdote e Bom Pastor: ao seu amor para com o Pai no Espírito Santo, ao seu amor para com os homens até entregar em imolação a sua própria vida».[148]

O presbítero é, portanto, o *homem da caridade,* e é chamado a educar os outros para a imitação de Cristo e para o seu mandamento novo do amor fraterno (cf. *Jo* 15,12). Mas isto implica que ele próprio se deixe continuamente educar pelo Espírito para a caridade de Cristo. Nesse sentido, a preparação para o sacerdócio não pode deixar de implicar uma séria formação para a caridade, particularmente para o amor preferencial pelos «pobres», nos quais a fé descobre a presença de Jesus (cf. *Mt* 25,40), e para o amor misericordioso pelos pecadores.

Na perspectiva da caridade, que consiste no dom de si mesmo por amor, encontra o seu lugar na formação espiritual do futuro sacerdote, *a educação para a obediência, para o celibato e para a pobreza.*[149] Vai neste sentido o convite do Concílio: «Que os alunos saibam, de modo bem claro, que não são destinados ao mando nem às honras, mas que se devem ocupar totalmente no serviço de Deus e no ministério pastoral. Sejam educados com particular solicitude para a obediência sacerdotal, na pobreza de vida e para uma abnegação de

148 *Ibid.*
149 Cf. *Ibid.*

si mesmos, de tal maneira que se habituem a renunciar generosamente mesmo àquilo que, sendo lícito, não é conveniente, e a viver em conformidade com Cristo crucificado».[150]

50. A formação espiritual de quem é chamado a viver o celibato deve reservar uma atenção particular na preparação do futuro sacerdote para *conhecer, estimar, amar e viver o celibato na sua verdadeira natureza* e nos seus verdadeiros fins, portanto nas suas motivações evangélicas, espirituais e pastorais. Pressuposto e conteúdo desta preparação é a virtude da castidade que qualifica todas as relações humanas e que leva «a experimentar e a manifestar (...) um amor sincero, humano e fraterno, pessoal e capaz de sacrifícios, a exemplo de Cristo, para com todos e cada um».[151]

O celibato dos sacerdotes conota a castidade de algumas características em virtude das quais eles, «por amor do Reino dos céus, renunciando à vida conjugal (cf. *Mt* 19,12), aderem com amor indivisível ao Senhor muito em conformidade com a nova Aliança, dão testemunho da ressurreição da vida futura (cf. *Lc* 20,36), e obtêm um auxílio muitíssimo útil para o exercício contínuo daquela perfeita caridade pela qual podem no ministério sacerdotal fazer-se tudo para todos».[152] Numa tal ordem de idéias, não se deve considerar o celibato sacerdotal como simples norma jurídica, nem como condi-

---

150 Decr. sobre a Formação sacerdotal, *Optatam Totius* 9.

151 CONGR. PARA A EDUCAÇÃO CATÓLICA, *Ratio Fundamentalis Institutionis Sacerdotalis* (6 de Janeiro de 1970): *l. c.*, 354.

152 CONC. ECUM. VAT. II, Decr. sobre a Formação sacerdotal, *Optatam Totius*, 10.

ção meramente exterior para ser admitido à Ordenação, mas antes como valor profundamente conexo com a Ordenação sacra, que configura a Cristo, Bom Pastor e Esposo da Igreja, e portanto como a escolha de um amor maior e indivisível a Cristo e à sua Igreja, na disponibilidade plena e alegre do coração para o ministério pastoral. O celibato deve considerar-se como uma graça especial, como um dom: «Nem a todos é dado compreender, mas somente àqueles a quem foi concedido» (Mt 19,11). Certamente uma graça que não dispensa, antes exige, com particular energia, a resposta consciente e livre da parte de quem a recebe. Este carisma do Espírito encerra também a força para que aquele que o recebe permaneça fiel por toda a vida e cumpra com generosidade e com alegria os compromissos que lhe estão inerentes. Na formação para o celibato sacerdotal deverá ser assegurada a consciência do «precioso dom de Deus»,[153] a qual conduzirá à oração e à vigilancia para que esse dom seja protegido de tudo o que o possa ameaçar.

Vivendo o celibato, o sacerdote poderá desempenhar melhor o seu ministério no meio do Povo de Deus. Em particular, enquanto testemunha do valor evangélico da virgindade, poderá apoiar os esposos cristãos a viverem em plenitude o «grande sacramento» do amor de Cristo, Esposo, pela Igreja sua Esposa, ao mesmo tempo que a sua fidelidade no celibato constituirá uma ajuda para a fidelidade dos esposos.[154]

[153] *Ibid.*

[154] Cf. *Carta* aos Sacerdotes por ocasião da Quinta-feira Santa (8 de Abril de 1979): *Insegnamenti*, II/I (1979) 841-862.

A importância e a delicadeza da preparação para o celibato sacerdotal, especialmente nas atuais condições sociais e culturais, levaram os Padres sinodais a uma série de apelos cuja validade permanente é, aliás, confirmada pela sapiência da Igreja mãe. Reproponho-os, autorizadamente, como critérios a seguir na formação para a castidade no celibato: «Os bispos, juntamente com os reitores e diretores espirituais dos seminários estabeleçam princípios, proporcionem critérios e dêem ajuda para o discernimento nesta matéria. De máxima importância na formação para a castidade no celibato, são a solicitude do bispo e a vida fraterna entre os sacerdotes. No seminário, ou seja, no seu programa de formação, o celibato deve ser apresentado com clareza, sem qualquer ambiguidade e de modo positivo. O seminarista deve possuir grande maturidade psíquica e sexual, bem como uma vida assídua e autêntica de oração e deve colocar-se sob a guia de um diretor espiritual. Este deve ajudar o seminarista para que ele mesmo chegue a uma decisão madura e livre, que se fundamente na estima da amizade sacerdotal e da autodisciplina, como também na aceitação da solidão e num reto equilíbrio pessoal físico e psicológico. Para isto, os seminaristas conheçam bem a doutrina do Concílio Vaticano II, a Encíclica *Sacerdotalis Caelibatus* e a Instrução sobre a formação para o celibato sacerdotal, emanada da Congregação para a Educação Católica, em 1974. Para que o seminarista possa abraçar com decisão livre o celibato sacerdotal pelo Reino dos céus, é necessário que conheça a natureza cristã e verdadeiramente humana bem como os fins da sexualidade no matrimónio e no celibato. É preciso também instruir e educar os fiéis leigos acerca das motivações evangélicas, espirituais e pastorais próprias do celibato sacerdotal, de modo que ajudem os presbíteros com a amizade, a compreensão e a colaboração».[155]

A FORMAÇÃO INTELECTUAL: A INTELIGÊNCIA DA FÉ

51. A formação intelectual, embora possua a sua especificidade, liga-se profundamente com a formação humana e espiritual, a ponto de constituir uma sua expressão necessária: configura-se efetivamente como uma exigência irreprimível da inteligência pela qual o homem «participa da luz da inteligência de Deus» e procura adquirir uma sabedoria que, por sua vez, se abre e orienta para o conhecimento e a adesão a Deus.[156]

A formação intelectual dos candidatos ao sacerdócio encontra a sua específica justificação na própria natureza do ministério ordenado e manifesta a sua urgência atual de fronte ao desafio da «nova evangelização», à qual o Senhor chama a Igreja, no limiar do terceiro milênio. «Se já cada cristão — escrevem os Padres sinodais — deve estar pronto a defender a fé e a dar a razão da esperança que vive em nós» (cf. *1Pd* 3,15), com muito maior razão os candidatos ao sacerdócio e os presbíteros devem manifestar um diligente cuidado pelo valor da formação intelectual na educação e na atividade pastoral, dado que, para a salvação dos irmãos e irmãs, de-

---

155 *Propositio* 24.

156 CONC. ECUM. VAT. II, Const. past. sobre a Igreja no mundo contemporâneo, *Gaudium et Spes,* 15.

vem procurar um conhecimento cada vez mais profundo dos mistérios divinos».[157] Além disso, a situação atual, profundamente marcada pela indiferença religiosa e ao mesmo tempo por uma difusa desconfiança relativamente às reais capacidades da razão para atingir a verdade objetiva e universal, e pelos problemas e questões inéditos provocados pelas descobertas científicas e tecnológicas, exige prementemente um nível excelente de formação intelectual, que torne os sacerdotes capazes de anunciar, exatamente num tal contexto, o imutável Evangelho de Cristo, e torná-lo digno de credibilidade diante das legítimas exigências da razão humana. Acrescente-se ainda que o atual fenômeno do pluralismo, bem acentuado não só no âmbito da sociedade humana mas também no da própria comunidade eclesial, requer uma particular atitude de discernimento crítico: é um ulterior motivo que demonstra a necessidade de uma formação intelectual, a mais séria possível.

Esta motivação «pastoral» da formação intelectual confirma quanto se disse já sobre a unidade do processo educativo, nas suas diferentes dimensões. A obrigação do estudo, que preenche uma grande parte da vida de quem se prepara para o sacerdócio, não constitui de modo algum uma componente exterior e secundária do crescimento humano, cristão, espiritual e vocacional: na realidade, por meio do estudo, particularmente da Teologia, o futuro sacerdote adere à palavra de Deus, cresce na sua vida espiritual e dispõe-se a desempenhar o seu ministério pastoral. É este o objetivo unitário e multifa-

---

[157] *Propositio* 26.

cetado do estudo teológico preconizado pelo Concílio[158] e reproposto pelo *Instrumentum laboris* do Sínodo: «Para que possa ser pastoralmente eficaz, a formação intelectual deve ser integrada num caminho espiritual marcado pela experiência pessoal de Deus, de modo a poder superar uma pura ciência conceptual e chegar àquela inteligência do coração que sabe "ver" primeiro, o mistério de Deus, e depois é capaz de comunicá-lo aos irmãos».[159]

52. Um momento essencial da formação intelectual é o estudo da Filosofia que leva a uma compreensão e interpretação mais profunda da pessoa, da sua liberdade, das suas relações com o mundo e com Deus. Aquela revela-se de grande importância, não apenas pelo nexo que existe entre os argumentos filosóficos e os mistérios da salvação estudados na Teologia, à luz superior da fé,[160] mas também em face de uma situação cultural bastante generalizada que exalta o subjetivismo como critério e medida da verdade: somente uma sã Filosofia pode ajudar os candidatos ao sacerdócio a desenvolverem uma consciência reflexiva da relação constitutiva existente entre o espírito humano e a verdade, essa verdade que se nos revela plenamente em Jesus Cristo. Nem é de se subestimar a importância da Filosofia no sentido de garantir aquela «certeza da verdade», a única que pode estar na base da entrega pessoal a Jesus Cristo e à Igreja. Não será difícil compreender como algumas questões

---

158 Cf. Decr. sobre a Formação sacerdotal *Optatam Totius,* 16.

159 *A formação dos sacerdotes nas circunstâncias atuais,* «Instrumentum Laboris», 39.

160 Cf. CONGR. PARA A EDUCAÇÃO CATÓLICA, *Carta aos Bispos sobre o Ensino da Filosofia nos Seminários* (20 de Janeiro de 1972).

muito concretas, quais são a identidade do sacerdote e o seu compromisso apostólico e missionário, se encontrem profundamente ligadas à questão, nada abstrata, da própria verdade: se não se está certo da verdade, como é possível pôr em jogo a própria vida inteira e ter força para interpelar, a sério, a vida dos outros?

A Filosofia ajuda imenso o candidato a enriquecer a sua formação intelectual com o «culto da verdade», isto é, uma espécie *de veneração amorosa pela verdade,* que leva a reconhecer que esta não é criada e medida pelo homem, mas é confiada ao homem como dom da Verdade suprema, Deus; que, mesmo com limites e por vezes com dificuldade, a razão humana pode atingir a verdade objetiva e universal, inclusive aquela que diz respeito a Deus e ao sentido radical da existência; que a própria fé não pode prescindir da razão e do afã de «pensar» os seus conteúdos, como testemunhava a grande mente de Agostinho: «Desejei ver com a inteligência o que acreditei, e muito tive de discutir e esforçar-me».[161]

Para uma compreensão mais profunda do homem, bem como dos fenômenos e das linhas evolutivas da sociedade, em ordem ao exercício o mais «encarnado» possível do ministério pastoral, podem ser de grande utilidade *as chamadas «ciências do homem»* como a Sociologia, a Psicologia, a Pedagogia, a ciência da economia e da política, a ciência da comunicação social. Embora sejam do âmbito bem preciso das ciências positi-

---

161 *«Desideravi intellectu videre quod credidi, et multum disputavi et laboravi»,*
De Trinitate XV, 28: CCL 50/A, 531.

vas ou descritivas, estas ajudam o futuro sacerdote a prolongar a «contemporaneidade» vivida por Cristo. «Cristo — dizia Paulo VI — fez-se contemporâneo a alguns homens e falou a linguagem deles. A fidelidade ao mesmo Cristo exige que esta contemporaneidade continue».[162]

53. A formação intelectual do futuro sacerdote baseia-se e constrói-se sobretudo sobre o estudo da *sacra dotrina,* da Teologia. O valor e a autenticidade da formação teológica dependem do respeito escrupuloso pela própria natureza da Teologia, que os Padres sinodais compendiaram do seguinte modo: «A verdadeira Teologia provém da fé e quer conduzir à fé».[163] É esta a concepção que a Igreja, e o seu Magistério de uma forma especial, têm constantemente proposto. É esta a linha seguida pelos grandes teólogos que, ao longo dos séculos, vêm enriquecendo o pensamento da Igreja. Santo Tomás é bem explícito ao afirmar que a fé é como que o *habitus* da Teologia, ou seja, o seu princípio operativo permanente,[164] e que toda a Teologia se ordena para a alimentação da fé.[165]

Portanto, o teólogo é, antes de mais nada, um crente, um homem de fé. Mas é um crente que se interroga sobre a própria fé *(fides quaerens intellectum),* e fálo com o fim de atingir uma compreensão mais profun-

---

162 *Discurso* aos participantes na XXI Semana Bíblica Italiana (25 de Setembro de 1970): *AAS* 62 (1970) 618.

163 *Propositio* 26.

164 *«Fides quae est quasi habitus theologiae»: In lib. Boetii de Trinitate* V, 4 ad 8.

165 Cf. S. TOMÁS, *In Sentent.,* Prolog., q. 1, a. 1-5.

da da própria fé. Os dois aspectos, a fé e a reflexão madura, estão profundamente conexos, entrelaçados: precisamente a sua íntima coordenação e compenetração decidem a verdadeira natureza da Teologia, e, conseqüentemente, decide os conteúdos, as modalidades e o espírito, segundo o qual a *sacra doctrina* deve ser elaborada e estudada.

Porque a fé, ponto de partida e de chegada da Teologia, realiza um relacionamento pessoal do crente com Jesus Cristo na Igreja, também a Teologia possui intrínsecas conotações cristológicas e eclesiais, que o candidato ao sacerdócio deve conscientemente assumir, não só pelas implicações que dizem respeito à sua vida pessoal, mas também por aquelas que tocam o seu ministério pastoral. Se é acolhimento da Palavra de Deus, a fé gera um «sim» radical do crente a Jesus Cristo, Palavra plena e definitiva de Deus ao mundo (cf. *Hb* 1,1-2). Em conseqüência disto, a reflexão teológica encontra o próprio centro na adesão a Jesus Cristo, Sabedoria de Deus: a própria reflexão madura deve considerar-se uma participação no «pensamento» de Cristo (cf. *1Cor* 2,16), na forma humana de uma ciência *(scientia fidei)*. *Ao* mesmo tempo, a fé insere o crente na Igreja e torna-o participante na vida desta, enquanto comunidade de fé. Por conseguinte, a Teologia possui uma dimensão eclesial, porque é uma reflexão madura sobre a fé da Igreja, realizada pelo teólogo que é membro da Igreja.[166]

---

166 Cf. CONGR. PARA A DOUTRINA DA FÉ, Instrução sobre a Vocação eclesial do teólogo, *Donum Veritatis* (24 de Maio de 1990), 11; 40: *AAS* 82 (1990) 1554-1555; 1568-1569.

Estas perspectivas cristológicas e eclesiais, que são conaturais à Teologia, ajudam a desenvolver nos candidatos ao sacerdócio, juntamente com o rigor científico, um grande e vivo amor a Jesus Cristo e à sua Igreja: este amor, ao mesmo tempo que nutre sua vida espiritual, orienta-os para o generoso desempenho do seu ministério. No fim de contas, era precisamente esta a intenção do Concílio Vaticano II ao solicitar a reorganização dos estudos eclesiásticos, dispondo melhor as várias disciplinas filosóficas e teológicas e fazendo com que elas «se coordenem de forma apta e concorram de modo harmônico para que a mente dos alunos se abra ao mistério de Cristo, que atinge toda a história do gênero humano, continuamente penetra a vida da Igreja e atua principalmente através do ministério sacerdotal».[167]

A formação intelectual teológica e a vida espiritual, particularmente a vida de oração, encontram-se e reforçam-se mutuamente, sem nada tirar nem à seriedade da investigação nem ao sabor espiritual da oração. S. Boaventura adverte-nos: «Ninguém pense que lhe baste a leitura sem a unção, a especulação sem a devoção, a busca sem o assombro, a observação sem a exultação, a atividade sem a piedade, a ciência sem a caridade, a inteligência sem a humildade, o estudo sem a graça divina, a investigação sem a sabedoria da inspiração divina».[168]

---

167 Decr. sobre a Formação sacerdotal, *Optatam Totius*, 14.

168 *Itinerarium mentis in Deum*, Prol. n. 4: *Opera omnia*, tomus V (Ad Claras Aquas 1891), 296.

54. A formação teológica é uma obra complexa e, por isso, exigente. Ela deve levar o candidato ao sacerdócio a possuir uma *visão* das verdades reveladas por Deus em Jesus Cristo e da experiência de fé da Igreja que seja *completa e unitária:* daqui a dúplice exigência de conhecer «todas» as verdades cristãs, sem fazer opções arbitrárias e de as conhecer de modo orgânico. Isto requer que o aluno seja ajudado a realizar uma síntese que constitua o fruto dos dados fornecidos por todas as disciplinas teológicas, cuja especificidade adquire um autêntico valor apenas na sua profunda coordenação.

Em sua reflexão amadurecida sobre a fé, a Teologia move-se em duas direções. A primeira é a do *estudo da Palavra de Deus:* a palavra escrita nos Livros Santos, celebrada e vivida pela Tradição viva da Igreja, e interpretada com autoridade pelo seu Magistério. Daqui o estudo da Sagrada Escritura, «que deve ser como que a alma de toda a Teologia»,[169] o estudo dos Padres da Igreja e da Liturgia, da História da Igreja e da doutrina do Magistério. A segunda direção é a do *homem, interlocutor de Deus:* o homem chamado a «crer», a «viver», a «comunicar» aos outros a *fides* e *o ethos cristão.* Daqui o estudo da Dogmática, da Teologia moral, da Teologia espiritual, do direito canônico e da Teologia pastoral.

A referência ao homem crente leva a Teologia a ter uma particular atenção, por um lado, à instância permanente e fundamental da relação fé-razão, por outro, a algumas exigências mais ligadas com a situação social e

---

169 CONC. ECUM. VAT. II, Decr. sobre a Formação sacerdotal, *Optatam Totius,* 16.

cultural de hoje. No primeiro caso, está o estudo da Teologia fundamental, que tem por objeto o fato da revelação cristã e a sua transmissão na Igreja. No segundo, temos as disciplinas que conheceram e conhecem um mais decidido desenvolvimento como resposta a problemas hoje sentidos mais fortemente. Assim o estudo da doutrina social da Igreja, que «pertence ao campo da Teologia, e especialmente da Teologia moral»,[170] e que é de ter em conta entre os «componentes essenciais» da «nova evangelização», de que constitui um instrumento.[171] Da mesma forma, o estudo da missão e do ecumenismo, do judaísmo, do islamismo e das outras religiões não cristãs.

55. A formação teológica atual deve prestar atenção a alguns problemas que muitas vezes levantam dificuldades, tensões, confusões no interior da vida da Igreja. Pense-se no *relacionamento entre as tomadas de posição do Magistério e as discussões teológicas,* que nem sempre se processa como deveria ser, ou seja, sob o signo da colaboração. Certamente, «o Magistério vivo da Igreja e a Teologia, mesmo tendo dons e funções diferentes, têm em última análise o mesmo fim: conservar o Povo de Deus na verdade que liberta, fazendo dele, assim, «luz das nações». Este serviço à comunidade eclesial põe em relação recíproca o teólogo com o Magistério. Este último mo ensina autenticamente a doutrina dos apóstolos, e

---

170 Carta enc. *Sollicitudo Rei Socialis* (30 de Dezembro de 1987) 41: *AAS* 80 (1988) 571.

171 Cf. Carta Enc. *Centesimus Annus* (1 de Maio de 1991) 54: *AAS* 83 (1991), 859-860.

beneficiando do trabalho teológico, refuta as objeções e as deformações da fé, propondo, além disso, com a autoridade recebida de Jesus Cristo, novos aprofundamentos, explicitações e aplicações da doutrina revelada. A Teologia, por sua vez, adquire, de modo reflexivo, uma compreensão sempre mais profunda da Palavra de Deus, contida na Sagrada Escritura e transmitida fielmente pela Tradição viva da Igreja sob a orientação do Magistério, procura esclarecer o ensinamento da Revelação diante das solicitações da razão, e lhes confere, enfim, uma forma orgânica e sistemática».[172] Porém, no momento em que, por uma série de motivos, esta colaboração esmorece, é preciso não se deixar levar por equívocos ou confusões, sabendo distinguir cuidadosamente «entre a doutrina comum da Igreja e as opiniões dos teólogos ou as tendências que depressa passam (as chamadas "modas")».[173] Não existe um magistério «paralelo», porque o único Magistério é o de Pedro e dos apóstolos, do Papa e dos bispos.[174]

Outro problema, sentido sobretudo onde os estudos seminarísticos são confiados a instituições acadêmicas, diz respeito à *relação entre o rigor científico da Teologia e o seu objetivo pastoral,* e, por conseguinte, à natureza pastoral da Teologia. Trata-se, na realidade, de

---

172 CONGR. PARA A DOUTRINA DA FÉ, Instrução sobre a Vocação eclesial do teólogo, *Donum Veritatis* (24 de Maio de 1990), 21: *l. c.,* 1559.

173 *Propositio* 26.

174 Assim escrevia, por exemplo, Santo Tomás de Aquino: «É necessário atermonos mais à autoridade da Igreja que à de Agostinho ou de Jerônimo ou de qualquer outro doutor» *(S Th.,* II-II, q. 10, a. 12). E ainda, que ninguém pode defender-se com a autoridade de Jerônimo ou de Agostinho ou de qualquer outro doutor, contra a autoridade de Pedro. Cf. *Ibid* II-II, q. 11, a. 2, ad 3.

duas características da Teologia e do seu ensino, que não se opõem entre si, antes concorrem ambas, ainda que em perspectivas diversas, para uma «inteligência da fé» mais completa. Efetivamente, a pastoralidade da Teologia não significa uma Teologia menos doutrinal, ou mesmo destituída da sua cientificidade; significa antes que essa Teologia habilita os futuros sacerdotes a anunciar a mensagem evangélica através dos modos culturais do seu tempo e a considerar a ação pastoral segundo uma autêntica visão teológica. E assim, por um lado, um estudo respeitador da cientificidade rigorosa de cada uma das disciplinas teológicas contribuirá para uma mais completa e profunda formação do pastor de almas como mestre da fé; por outro, a adequada sensibilidade ao objetivo pastoral tornará verdadeiramente formativo para os futuros sacerdotes o estudo sério e científico da Teologia.

Um ulterior problema é posto pela exigência, hoje fortemente sentida, da *evangelização das culturas e da inculturação da mensagem da fé*. Este é um problema eminentemente pastoral, que deve entrar com maior amplitude e sensibilidade na formação dos candidatos ao sacerdócio: «Nas atuais circunstâncias em que, em várias regiões do mundo, a religião cristã é considerada como algo de estranho às culturas, quer antigas quer modernas, é de grande importância que em toda a formação intelectual e humana se considere como necessária e essencial a dimensão da inculturação».[175] Mas isto exige primeiramente que se tenha uma Teologia autêntica, ins-

---

175 *Propositio* 32.

pirada nos princípios católicos sobre a inculturação. Estes princípios estão ligados ao mistério da Encarnação do Verbo de Deus e à antropologia cristã e iluminam o sentido autêntico da inculturação: esta, diante das mais diversas e por vezes contrastantes culturas presentes nas várias partes do mundo, pretende ser uma obediência ao mandato de Cristo de pregar o Evangelho a todas as gentes até aos extremos confins da Terra. Uma tal obediência não significa sincretismo nem simples adaptação do anúncio evangélico, mas que o Evangelho penetra vitalmente nas culturas, se encarna nelas, superando os elementos culturais das mesmas que são incompatíveis com a fé e a vida cristã, e elevando os seus valores ao mistério da salvação que provém de Cristo.[176] O problema da inculturação pode ter um interesse específico quando os próprios candidatos ao sacerdócio provêm de culturas autóctones: terão necessidade, então, de caminhos adequados de formação, seja para superarem o perigo de ser menos exigentes e de desenvolver uma educação mais superficial dos valores humanos, cristãos e sacerdotais, seja para valorizarem os elementos bons e autênticos das suas culturas e tradições.[177]

56. Seguindo os ensinamentos e orientações do Concílio Vaticano II e as indicações aplicativas da *Ratio Fundamentalis Institutionis Sacerdotalis,* determinou-se na Igreja uma vasta atualização do ensino das disciplinas filosóficas e sobretudo teológicas nos seminários. Apesar de ainda carecida, em alguns casos, de posteriores corre-

---

176 Cf. Carta Enc. *Redemptoris Missio* (7 de Dezembro de 1990), 67: *l. c.,* 52-54.
177 Cf. *Propositio* 32.

ções e desenvolvimentos, essa atualização contribuiu, no seu conjunto, para valorizar cada vez mais a proposta educativa, no âmbito da formação intelectual. A este respeito, «os Padres sinodais afirmaram novamente, com freqüência e clareza, a necessidade, melhor, a urgência de que seja aplicado nos seminários e nas casas de formação o *Plano fundamental de Estudos* tanto o universal, como o de cada Nação ou Conferência episcopal».[178]

É necessário contrariar decididamente a tendência a reduzir a seriedade e exigência dos estudos, que se manifesta em alguns contextos eclesiais, como conseqüência já de uma preparação de base insuficiente e lacunosa dos alunos que iniciam o currículo filosófico e teológico. É a própria situação contemporânea a exigir que os mestres estejam cada vez mais à altura da complexidade dos tempos e em condições de afrontar, com competência, clareza e profundidade de argumentação, as carências de sentido dos homens de hoje, às quais apenas o Evangelho de Jesus Cristo dá resposta cabal.

A FORMAÇÃO PASTORAL: COMUNGAR DA CARIDADE DE CRISTO BOM PASTOR

57. Toda a formação dos candidatos ao sacerdócio é destinada a dispô-los de modo particular para comungar da caridade de Cristo, Bom Pastor. Portanto, nos seus diversos aspectos, esta formação deve ter um caráter essencialmente pastoral. Afirma-o claramente o decreto conciliar *Optatam Totius,* relativamente aos seminários

---

178 *Propositio* 27.

maiores: «A educação dos alunos deve tender para o objetivo de *formar verdadeiros pastores de almas segundo o exemplo de Nosso Senhor Jesus Cristo, mestre, sacerdote e pastor.* Por isso aqueles sejam preparados para o ministério da Palavra, para que a Palavra de Deus revelada seja por eles cada vez melhor entendida, apropriem-se dela pela meditação, e saibam comunicá-la por palavras e com a vida; para o ministério do culto e da santificação, a fim de que, pregando e celebrando as ações litúrgicas, saibam exercitar a obra da salvação por meio do sacrifício eucarístico e dos Sacramentos; para o ministério de pastores, a fim de que saibam apresentar aos homens Cristo que "não veio para ser servido, mas para servir e dar a vida pela redenção de muitos" (*Mc* 10,45; cf. *Jo* 13,12-17) e para ganhar a muitos, fazendo-se servo de todos (cf. *1Cor* 9,19)».[179]

O texto conciliar insiste na profunda coordenação existente entre os diversos aspectos da formação humana, espiritual e intelectual, e, ao mesmo tempo, na sua específica finalidade pastoral. Nessa linha de idéias, o objetivo pastoral assegura à formação humana, espiritual e intelectual determinados conteúdos e características específicas, da mesma forma que unifica e caracteriza a inteira formação dos futuros sacerdotes.

Como qualquer outra formação, também a formação pastoral se desenvolve através da reflexão madura e da aplicação operativa, e aprofunda as suas raízes vivas num espírito que constitui o fulcro e a força de impulso e de desenvolvimento de tudo.

---

179 Decr. sobre a Formação sacerdotal, *Optatam Totius*, 4.

Exige-se, portanto, o estudo de uma verdadeira e autêntica disciplina teológica: a *Teologia pastoral ou prática,* que é uma reflexão científica sobre a Igreja no seu edificar-se cotidiano, com a força do Espírito, dentro da História; sobre a Igreja, portanto, como «sacramento universal da salvação»,[180] como sinal e instrumento vivo da salvação de Jesus Cristo na Palavra, nos Sacramentos e no serviço da caridade. A pastoral não é apenas uma arte nem um complexo de exortações, de experiências ou de métodos; possui uma plena dignidade teológica, porque recebe da fé os princípios e critérios de ação pastoral da Igreja na História, de uma Igreja que se «gera» a cada dia a si mesma, segundo a expressão feliz de S. Beda, o Venerável: *«Nam et ecclesia quotidie gignit ecclesiam».*[181] Entre estes princípios e critérios, encontra-se aquele particularmente importante do discernimento evangélico das situações socioculturais e eclesiais, no seio das quais se desenrola a ação pastoral.

O estudo da Teologia pastoral deve iluminar a *aplicação operativa,* mediante a dedicação a alguns serviços pastorais que os candidatos ao sacerdócio, com a necessária gradualidade e sempre de harmonia com os outros compromissos formativos, devem exercer: trata-se de «experiências» pastorais que podem confluir num verdadeiro e autêntico «tirocínio pastoral» que se pode prolongar por algum tempo e exige ser observado de maneira metódica.

---

180 CONC. ECUM. VAT. II, Const. dogm. sobre a Igreja, *Lumen Gentium,* 48.
181 *Explanatio Apocalypsis,* lib. II, 12: *PL* 93, 166.

Mas o estudo e a atividade pastoral remetem para uma fonte interior que a formação terá o cuidado de defender e valorizar: é a *comunhão cada vez mais profunda com a caridade pastoral de Jesus,* a qual, como constituiu o princípio e a força do seu agir salvífico, assim, graças à efusão do Espírito Santo no sacramento da Ordem, deve constituir o princípio e a força do ministério do presbítero. Trata-se, efetivamente, de uma formação destinada não apenas a assegurar uma competência pastoral científica e uma habilitação operativa, mas e sobretudo a garantir o crescimento de *um modo de ser* em comunhão com os mesmos sentimentos e comportamentos de Cristo, Bom Pastor: «Tende entre vós os mesmos sentimentos que existiram em Jesus Cristo» (*Fl* 2,5).

58. Assim compreendida, a formação pastoral não pode certamente reduzir-se a uma simples aprendizagem, orientada para a familiarização com qualquer técnica pastoral. A proposta educativa do seminário se encarrega de uma verdadeira e autêntica iniciação à sensibilidade de pastor, à assunção consciente e amadurecida das suas responsabilidades, ao hábito interior de avaliar os problemas e de estabelecer as prioridades e meios de solução, sempre na base de claras motivações de fé e segundo as exigências teológicas da própria pastoral.

Através da experiência inicial e gradual no ministério, os futuros sacerdotes poderão ser inseridos na viva tradição pastoral de sua Igreja particular, aprenderão a abrir o horizonte de sua mente e de seu coração à dimensão missionária da vida eclesial, exercitar-se-ão em algumas formas primeiras de colaboração entre eles mesmos e com os presbíteros, aos quais serão enviados. A estes últimos cabe, em sintonia com a proposta do seminário, uma responsabilidade educativa pastoral de muita importância.

Na escolha dos lugares e serviços adaptados ao exercício pastoral, deve-se reservar uma especial atenção à paróquia,[182] célula vital das experiências pastorais sectoriais e especializadas, na qual virão a encontrar-se diante dos problemas particulares do seu futuro ministério. Os Padres sinodais ofereceram uma série de exemplos concretos, como as visitas aos doentes; o cuidado pelos emigrados, exilados, nômades; o zelo da caridade que se traduz em diversas obras sociais. Particularmente escrevem: «É necessário que o presbítero seja testemunha da caridade do próprio Cristo que "passou a vida fazendo o bem" (*At* 10,38); ele deve também ser o sinal visível da solicitude da Igreja, que é Mãe e Mestra. E dado que hoje o homem é ferido por tantas desgraças, especialmente as pessoas vítimas de pobreza desumana, violência cega e poder abusivo, é preciso que o homem de Deus, bem preparado para toda a espécie de boas obras (cf. *2Tm* 3,17), reivindique os direitos e a dignidade do homem. Tenha cuidado, porém, em não aderir a falsas ideologias, nem esquecer, ao pretender promover a perfeição, que o mundo é redimido apenas pela cruz de Cristo».[183]

O conjunto destas e de outras atividades pastorais educa o futuro sacerdote para viver como «serviço» a

182 Cf. *Propositio* 28.
183 *Ibid.*

sua própria missão de «autoridade» na comunidade, afastando-se de qualquer atitude de superioridade ou de exercício de um poder que não seja sempre e só justificado pela caridade pastoral.

Para uma adequada formação é preciso que as diversas experiências dos candidatos ao sacerdócio assumam um claro caráter «ministerial», ficando intimamente relacionadas com todas as exigências próprias da preparação ao presbiterado (não certamente em prejuízo do estudo), e com referência ao serviço do anúncio da Palavra, do culto e da presidência. Estes serviços podem tornar-se a tradução concreta dos ministérios do leitorado e acolitado, e do diaconato.

59. Dado que a ação pastoral se destina, por sua natureza, a animar a Igreja que é essencialmente «mistério», «comunhão» e missão, a formação pastoral deverá conhecer e viver estas dimensões eclesiais no exercício do ministério.

Revela-se fundamental a consciência de que *a Igreja é «mistério»*, obra divina, fruto do Espírito de Cristo, sinal eficaz da graça, presença da Trindade na comunidade cristã: uma tal consciência, longe de atenuar o sentido de responsabilidade próprio do pastor, torna-lo-á ainda mais convicto de que o crescimento da Igreja é obra gratuita do Espírito e que o seu serviço — confiado pela graça divina à livre responsabilidade humana — é o serviço evangélico do «servo inútil» (cf. *Lc* 17,10).

A seguir, a consciência da *Igreja* como *«comunhão»* preparará o candidato ao sacerdócio para realizar uma pastoral comunitária, em cordial colaboração com os diversos sujeitos eclesiais: sacerdotes e bispo, sacerdotes diocesanos e religiosos, sacerdotes e leigos. Mas uma tal colaboração supõe a consciência e a estima dos diversos dons e carismas, das várias vocações e responsabilidades que o Espírito oferece e confia aos membros do Corpo de Cristo; exige um sentido vivo e preciso da própria identidade e da dos outros na Igreja; requer muita confiança, paciência, doçura, capacidade de compreensão e de espera; enraíza-se sobretudo num amor à Igreja maior que o amor a si próprio ou aos grupos a que se pertence. Particularmente importante é preparar os futuros sacerdotes para a colaboração *com os leigos*. «Estejam prontos — diz o Concílio — a escutar o parecer dos leigos, considerando com interesse fraterno as suas aspirações e aproveitando a sua experiência e competência nos diversos campos da atividade humana, de modo a poder, juntamente com eles, reconhecer os sinais dos tempos.»[184] Também este Sínodo insistiu na solicitude pastoral pelos leigos: «É preciso que o aluno seja capaz de propor e de introduzir os leigos, nomeadamente os jovens, nas diferentes vocações (ao matrimônio, aos serviços sociais, ao apostolado, aos ministérios e responsabilidades da atividade pastoral, à vida consagrada, à condução da vida política e social, à pesquisa científica, ao ensino). Sobretudo é necessário ensinar e ajudar os leigos na sua vocação de permear e transformar o mundo com a luz do Evangelho, reconhecendo e respeitando a sua função».[185]

[184] Decr. sobre o Ministério e a Vida dos Sacerdotes, *Presbyterorum Ordinis;* 9; cf. JOÃO PAULO II, Exort. Ap., *Christifideles Laici,* (30 de Dezembro de 1988), 61: *l. c.,* 512-514.

[185] *Propositio 28.*

Finalmente, a consciência da *Igreja* como «*comunhão*» *missionária* ajudará o candidato ao sacerdócio a amar e viver a essencial dimensão missionária da Igreja e das diversas atividades pastorais; a estar aberto e disponível para todas as possibilidades hoje oferecidas ao anúncio do Evangelho, sem esquecer o precioso serviço que para tal pode e deve ser prestado pelos meios de comunicação social;[186] a preparar-se para um ministério que lhe pode solicitar a concreta disponibilidade ao Espírito Santo e ao bispo a fim de ser mandado a pregar o Evangelho para além dos confins da sua terra.[187]

II . OS AMBIENTES
DA FORMAÇÃO SACERDOTAL

A COMUNIDADE FORMADORA DO SEMINÁRIO MAIOR

60. A necessidade do Seminário maior — e da análoga Casa religiosa — para a formação dos candidatos ao sacerdócio, defendida com autoridade pelo Concílio Vaticano II,[188] foi *reafirmada pelo Sínodo* com estas palavras: «A instituição do Seminário maior como lugar ideal de formação deve certamente confirmar-se como espaço normal, mesmo material, de uma vida comunitária e hierárquica, mais, como casa própria para a formação dos candidatos ao sacerdócio, com superiores verdadeiramente consagrados a este serviço. Esta instituição deu muitíssimos frutos ao longo dos séculos e continua a dá-los em todo o mundo».[189]

---

186 Cf. *Ibid.*
187 Cf. Carta Enc. *Redemptoris Missio* (7 de Dezembro de 1990), 67: *l. c.*, 67-68.
188 Cf. Decr. sobre a Formação sacerdotal *Optatam Totius*, 4.
189 *Propositio* 20.

O Seminário apresenta-se como um tempo e um espaço; mas configura-se, sobretudo, como uma *comunidade educativa em caminhada:* é a comunidade promovida pelo bispo para oferecer, a quem é chamado pelo Senhor a servir como os apóstolos, a possibilidade de reviver a experiência formativa que o Senhor reservou aos Doze. Na realidade, uma prolongada e íntima permanência de vida com Jesus é apresentada no Evangelho como premissa necessária para o ministério apostólico. Esta permanência requer dos Doze a realização, de modo particularmente claro e específico, da separação, em certa medida proposta a todos os discípulos, do ambiente de origem, do trabalho habitual, dos afetos, até dos mais queridos (cf. *Mc* 1,16-20; 10,28; *Lc* 9,23. 57-62; 14,25-27). Já mais de uma vez apresentamos a tradição de Marcos que sublinha a ligação profunda que une os apóstolos a Cristo, e entre si: antes de serem enviados a pregar e a fazer curas, são chamados a «estar com ele» (*Mc* 3,14).

A identidade profunda do Seminário é a de ser, a seu modo, uma *continuação, na Igreja, da mesma comunidade apostólica reunida em volta de Jesus,* escutando a sua palavra, caminhando para a experiência da Páscoa, esperando o dom do Espírito para a missão. Esta identidade constitui o ideal normativo que estimula o Seminário, nas mais diversas formas e nas múltiplas vicissitudes que, enquanto instituição humana, vive na história, na qual encontre uma concreta realização, fiel aos valores evangélicos em que se inspira e capaz de responder às situações e necessidades dos tempos.

O Seminário é, em si mesmo, uma *experiência original da vida da Igreja:* nele o bispo torna-se presente por meio do ministério do reitor e do serviço de co-responsabilidade por ele animado com os outros educadores, em ordem a um crescimento pastoral e apostólico dos alunos. Os vários membros da comunidade do Seminário, reunidos pelo Espírito numa única fraternidade, colaboram, cada qual segundo os dons de que dispõe, para o crescimento de todos na fé e na caridade a fim de se prepararem adequadamente para o sacerdócio e, por conseguinte, prolongarem, na Igreja e na história, a presença salvífica de Jesus Cristo, o Bom Pastor.

Já na sua vertente humana, o Seminário maior deve tender a tornar-se uma «comunidade impregnada de uma profunda amizade e caridade, de modo a poder ser considerada uma verdadeira família, que vive na alegria».[190] Na sua face cristã, o Seminário deve configurar-se — dizem os Padres sinodais — como «comunidade eclesial», como «comunidade dos discípulos do Senhor, na qual se celebra uma mesma Liturgia (que permeia a vida de espírito de oração), formada dia-a-dia na leitura e na meditação da Palavra de Deus, no sacramento da Eucaristia, e no exercício da justiça e da caridade fraterna; uma comunidade onde, no progresso da vida comunitária e na vida de cada membro, resplandece o Espírito de Cristo e o amor para com a Igreja».[191] Como confirmação e desenvolvimento concreto da essencial dimensão eclesial do Seminário, acrescentam os Padres

190 *Ibid.*
191 *Ibid.*

sinodais: «Enquanto comunidade eclesial, seja diocesana, seja interdiocesana, seja mesmo religiosa, o Seminário alimente o sentido da união dos candidatos com seu bispo e presbitério, de modo que participem de suas esperanças, de suas angústias, e saibam estender esta abertura às necessidades da Igreja universal».[192]

É essencial para a formação dos candidatos ao sacerdócio e ao ministério pastoral, o qual por sua natureza é eclesial, que o Seminário seja sentido não de um modo exterior e superficial, quer dizer, como simples lugar de habitação e de estudo, mas de um modo interior e profundo: como comunidade, uma comunidade especificamente eclesial, uma comunidade que revive a experiência do grupo dos Doze unidos a Jesus.[193]

61. O Seminário é, pois, uma *comunidade eclesial educativa,* mais, uma particular comunidade educadora. E é o fim específico a determinar-lhe a fisionomia, ou seja, o acompanhamento vocacional dos futuros sacerdotes, e portanto, o discernimento de sua vocação, a ajuda para lhe corresponder e a preparação para receber o sacramento da Ordem com as graças e as responsabilidades próprias pelas quais o sacerdote é configurado a Jesus Cristo, Cabeça e Pastor, e é habilitado e comprometido a partilhar a sua missão de salvação na Igreja e no mundo.

Enquanto comunidade educadora, a inteira vida do Seminário, em suas mais diversas expressões, está *em-*

192 *Ibid.*

193 Cf. *Discurso* aos alunos e ex-alunos do Almo Colégio Caprânica (21 de Janeiro de 1983): *Insegnamenti;* VI/I (1983) 173-178.

penhada na formação humana, espiritual, intelectual e pastoral dos futuros presbíteros: trata-se de uma formação que, embora assuma tantos aspectos comuns à formação humana e cristã de todos os membros da Igreja, apresenta conteúdos, modalidades e características que decorrem especificamente do seu fim principal, que é o de preparar para o sacerdócio.

Ora, os conteúdos e as formas da obra educativa exigem que o Seminário tenha uma precisa *programação,* isto é, um programa de vida que se caracterize seja pela sua organicidade-unidade, seja pela sua sintonia ou correspondência com o único fim que justifica a existência do Seminário: a preparação dos futuros presbíteros.

Neste sentido, os Padres sinodais escrevem: «Enquanto comunidade educativa, (o Seminário) deve obedecer a um programa claramente definido que, como nota característica, tenha a unidade de direção manifestada pela figura do reitor e dos colaboradores, na coerência com o regulamento de vida, da atividade formativa e das exigências fundamentais da vida comunitária, a qual comporta também os aspectos essenciais da tarefa formativa. Este programa deve estar clara e decididamente ao serviço da única finalidade específica que justifica a existência do Seminário, a saber, a formação dos futuros presbíteros, pastores da Igreja».[194] E para que a programação seja verdadeiramente adequada e eficaz, é necessário que as grandes linhas programáticas se concretizem mais detalhadamente, mediante algumas regras particulares, destinadas a ordenar a vida comunitária,

---

194 *Propositio* 20.

estabelecendo alguns instrumentos e ritmos temporais precisos.

Um outro aspecto é de se sublinhar aqui: a obra educativa, por natureza, é o acompanhamento de pessoas históricas, concretas, que caminham para a escolha e adesão a determinados ideais de vida. Precisamente por isso, a obra educativa deve saber harmonicamente conciliar a proposta clara da meta a atingir, a exigência de caminhar com seriedade em direção a essa meta, a atenção ao «caminhante», ou seja, ao sujeito concreto empenhado nesta aventura, e depois a uma série de situações, de problemas e de dificuldades, de ritmos diversificados de caminho e de crescimento. Isto exige uma sapiente elasticidade, que não significa, de fato, transigência sobre os valores nem sobre o empenho consciente e livre, mas amor verdadeiro e respeito sincero por quem, nas suas condições pessoais, está caminhando para o sacerdócio. Isto vale não só relativamente à pessoa singular, mas também relativamente aos diversos contextos sociais e culturais onde se encontram os Seminários e à diferente história que tem cada um deles. Neste sentido, *a tarefa educativa exige uma contínua renovação*. Isto mesmo foi salientado pelos Padres, relativamente à configuração dos Seminários: «Ressalvada a validade das formas clássicas de Seminário, o Sínodo deseja que o trabalho de consulta das Conferências episcopais sobre as necessidades atuais da formação prossiga como se estabeleceu no Decreto *Optatam Totius* n. 1, e no Sínodo de 1967. Revejam-se oportunamente as *Rationes* de cada nação ou rito, seja por ocasião das consultas das Conferências episcopais, seja nas visitas apostólicas aos seminários das diversas nações, para nelas integrar diversas formas de formação aprovadas, que devem responder às necessidades dos povos de cultura chamada indígena, das vocações de homens adultos, vocações para as missões etc.».[195]

62. A finalidade e a configuração educativa do Seminário maior exige que os candidatos ao sacerdócio entrem já com *alguma preparação prévia*. Tal preparação não colocava problemas particulares, pelo menos até alguns decénios atrás, no tempo em que os candidatos ao sacerdócio provinham habitualmente dos Seminários menores e a vida cristã das comunidades oferecia facilmente a todos, indistintamente, uma discreta instrução e educação cristã.

A situação, em muitas partes, está alterada. Verifica-se uma forte discrepância entre o estilo de vida e a preparação de base das crianças, dos adolescentes e jovens, mesmo cristãos e por vezes comprometidos na vida da Igreja, por um lado, e, por outro, o estilo de vida do Seminário e suas exigências formativas. Neste contexto e em comunhão com os Padres sinodais, peço que haja um período adequado de preparação que preceda a formação do Seminário. «É útil que haja um período de preparação humana, cristã, intelectual e espiritual para os candidatos ao Seminário maior. Estes candidatos devem, porém, apresentar algumas qualidades determinadas: reta intenção, um grau suficiente de maturidade humana, um conhecimento bastante amplo da doutrina da fé, alguma introdução aos métodos de oração, costumes

195 *Ibid.*

conformes à tradição cristã. Possuam também atitudes próprias de sua região, pelas quais é expresso o esforço de encontrar Deus e a fé (cf. *Evangelii nuntiandi,* 48).»[196]

«Um conhecimento bastante amplo da doutrina da fé», de que falam os Padres sinodais, é a primeira exigência da Teologia: não se pode desenvolver uma *«intelligentia fidei»,* se não se conhece a *«fides»* em seu conteúdo. Tal lacuna poderá ser facilmente preenchida pelo próximo *Catecismo Universal.*

Embora se vá tornando comum a convicção da necessidade dessa preparação prévia ao Seminário maior, verifica-se, todavia, uma diferente avaliação dos seus conteúdos e das suas características, ou seja, do fim preponderante, seja de formação espiritual para o discernimento vocacional, seja de formação intelectual e cultural. Por outro lado, não se podem esquecer as muitas e profundas diferenças que existem tanto relativamente à pessoa dos candidatos, como às diversas regiões e países. Isto sugere, ainda, uma fase de estudo e experimentação, para que se possam definir, de modo mais oportuno e significativo, os diversos elementos desta preparação prévia ou *«período propedêutico»:* o tempo, o lugar, a forma, os temas deste período que, além do mais, se deve coordenar com os anos seguintes da formação no Seminário.

Neste sentido, assumo e reproponho ao Dicastério competente o pedido formulado pelos Padres sinodais: «O Sínodo pede que a Congregação para a Educação Católica recolha todas as informações sobre experiênci-

196 *Propositio* 19.

as iniciais feitas ou que se estejam fazendo. Em tempo oportuno, a Congregação comunique às Conferências episcopais as informações sobre este argumento».[197]

O SEMINÁRIO MENOR E AS OUTRAS FORMAS DE ACOMPANHAMENTO VOCACIONAL

63. Como atesta uma larga experiência, a vocação sacerdotal tem muitas vezes o seu primeiro momento de manifestação, nos anos da pré-adolescência ou nos primeiríssimos anos da juventude. E até em pessoas que chegam a decidir a entrada no Seminário mais adiante no tempo, não é raro constatar a presença da chamada de Deus em período muito anterior. A história da Igreja é um testemunho contínuo de chamados que o Senhor dirige mesmo em tenra idade. Santo Tomás, por exemplo, explica a predileção de Jesus pelo apóstolo João «pela sua tenra idade», tirando daí a seguinte conclusão: «Isto nos faz compreender como Deus ame, de modo especial, aqueles que se entregam ao seu serviço já desde a juventude».[198]

A Igreja toma ao seu cuidado estes germes de vocação, semeados no coração dos pequenos, proporcionando-lhes, através da instituição dos Seminários menores, um solícito, ainda que inicial, discernimento e acompanhamento. Em várias partes do mundo, estes Seminários continuam a desenvolver uma preciosa obra educativa, destinada a proteger e a fazer desabrochar os

197 *Ibid.*
198 *In Iohannem Evangelistam Expositio,* c. 21, lect. V, 2.

germes da vocação sacerdotal, a fim de que os alunos a possam mais facilmente reconhecer e se tornem capazes de lhe corresponder. Sua proposta educativa tende a favorecer, de modo tempestivo e gradual, aquela formação humana, cultural e espiritual que conduzirá o jovem a empreender o caminho para o Seminário maior com uma base adequada e sólida.

«Preparar-se para seguir Cristo Redentor com ânimo generoso e coração puro»: é este o objetivo do Seminário menor que o Concílio indicou, no Decreto *Optatam Totius,* que traça desta forma o seu perfil educativo: os alunos «sob a orientação paterna dos superiores, com a colaboração oportuna dos pais, levem uma vida plenamente conforme à idade, espírito e evolução dos adolescentes, segundo as normas da sã Psicologia, sem omitir a conveniente experiência das coisas humanas e o contato com a própria família».[199]

O Seminário menor poderá ser, na diocese, também um ponto de referência da pastoral vocacional, com oportunas formas de acolhimento e oferta de ocasiões informativas para aqueles adolescentes que estão à descoberta da vocação ou que, já decididos a segui-la, se vêem obrigados a adiar a entrada no Seminário por diferentes circunstâncias, familiares ou escolares.

64. Onde o Seminário menor — que «em muitas regiões parece necessário e muito útil» — não encontre possibilidades de concretização, é necessário providenciar a constituição de outras «instituições»,[200] como po-

---

199 Decr. sobre a Formação sacerdotal, *Optatam Totius,* 3.
200 Cf. *Propositio* 17.

deriam ser *os grupos vocacionais* para adolescentes e jovens. Embora não sendo de natureza permanente, tais grupos poderão proporcionar, num contexto comunitário, uma orientação sistemática para a descoberta e o crescimento vocacional. Mesmo vivendo em família e freqüentando a comunidade cristã, que os ajuda no seu itinerário formativo, estes adolescentes e jovens não deverão ser deixados a sós. Eles têm necessidade de um grupo particular ou uma comunidade que lhes ofereça um ponto de referência para realizarem o itinerário vocacional que o dom do Espírito Santo neles iniciou.

Como sempre aconteceu na história da Igreja, e com algumas características de reconfortante novidade e freqüência nas circunstâncias atuais, deveremos registar o fenômeno das *vocações sacerdotais que se verificam em idade adulta,* já depois de uma longa experiência de vida laical e de empenho profissional. Nem sempre é possível, e muitas vezes nem sequer é conveniente, convidar os adultos a seguir o itinerário educativo do Seminário maior. Deve-se, antes, providenciar, depois de um cuidadoso discernimento acerca da autenticidade de tais vocações, no sentido de programar uma forma específica de acompanhamento formativo que consiga assegurar, por meio de oportunas adaptações, a necessária formação espiritual e intelectual.[201] Um reto relacionamento com os outros candidatos ao sacerdócio e períodos de presença na comunidade do Seminário maior poderão garantir a plena integração destas vocações no único presbitério, e a sua íntima e cordial comunhão com ele.

---

201 Cf. CONGR. PARA A EDUCAÇÃO CATÓLICA, *Ratio Fundamentalis Institutionis Sacerdotalis* (6 de Janeiro de 1970), 19: *l. c.,* 342.

III. OS PROTAGONISTAS
DA FORMAÇÃO SACERDOTAL

A IGREJA E O BISPO

65. Uma vez que a formação dos candidatos ao sacerdócio pertence à pastoral vocacional da Igreja, deve-se dizer que *é a Igreja, enquanto tal, o sujeito comunitário* que tem a graça e a responsabilidade de acompanhar todos aqueles que o Senhor chama a ser seus ministros no sacerdócio.

Precisamente neste sentido, a leitura do mistério da Igreja ajuda-nos a precisar melhor o lugar e a função que os seus diversos membros, seja individualmente seja como membros do corpo, têm na formação do candidato ao presbiterado.

A Igreja é, por sua íntima natureza, a «memória», o «sacramento» da presença e da ação de Jesus Cristo no meio de nós e por nós. É à sua presença salvífica que se deve o chamado ao sacerdócio: não só a chamado, mas também o acompanhamento para que o vocacionado possa reconhecer a graça do Senhor e possa dar-lhe uma resposta com liberdade e amor. É o Espírito de Jesus que ilumina e dá força no discernimento do caminho vocacional. *Não existe uma autêntica obra formativa para o sacerdócio sem o influxo do Espírito de Cristo.* Cada formador humano deve estar plenamente consciente disso. Como não ver um «recurso» totalmente gratuito e radicalmente eficaz, que tem o seu «peso» decisivo no empenho formativo em ordem ao sacerdócio? E como não alegrar-se perante a dignidade de todo o formador humano, que, em certo sentido, se configura como representante visível de Cristo para o candidato ao sacerdócio? Se a formação para o sacerdócio é essencialmente a preparação do futuro «pastor» à imagem de Jesus Cristo, Bom Pastor, quem melhor que o próprio Cristo, mediante a efusão do seu Espírito, pode conceder e levar ao amadurecimento aquela mesma caridade pastoral que ele viveu até ao dom total de si (cf. *Jo* 15,13; 10,11) e quer que seja revivida por todos os presbíteros?

O primeiro representante de Cristo na formação dos sacerdotes é o bispo. Poder-se-ia dizer do bispo, de cada bispo, quanto nos diz o evangelista Marcos no texto já várias vezes citado: «Chamou a Si aqueles que quis e eles *foram ter com ele.* Constituiu Doze dentre eles para que *estivessem com ele,* e também para os enviar» (*Mc* 3,13-14). Na realidade, o chamado interior do Espírito precisa ser reconhecido pelo bispo como autêntico chamado. Se todos podem «*ir ter» com o bispo* enquanto Pastor e Pai de todos, podem fazê-lo, de uma forma particular, os seus presbíteros pela comum participação do mesmo sacerdócio e ministério: o bispo, diz o Concílio, deve considerá-los e tratá-los como «irmãos e amigos».[202] O mesmo se pode dizer analogamente de quantos se preparam para o sacerdócio. A propósito do «estar com ele», com o bispo, revelar-se-á muito significativo para as suas responsabilidades formativas com os candidatos ao sacerdócio, que o bispo os visite freqüentemente e, de certa maneira, «esteja» com eles.

---

[202] Decr. sobre o Ministério e a Vida dos Sacerdotes, *Presbyterorum Ordinis,* 7.

A presença do bispo adquire um valor particular, não só porque ajuda a comunidade do Seminário a viver a sua inserção na Igreja particular e a sua comunhão com o Pastor que a guia, mas também porque estimula e dá autenticidade àquele fim pastoral que constitui a especificidade da completa formação dos candidatos ao sacerdócio. Sobretudo com a sua presença e partilha com os candidatos ao sacerdócio de tudo o que diz respeito ao caminho pastoral da Igreja particular, o bispo oferece um contributo fundamental para a formação do «sentido de Igreja», como valor espiritual e pastoral central no exercício do ministério sacerdotal.

A COMUNIDADE EDUCADORA DO SEMINÁRIO

66. A comunidade educadora do Seminário articula-se em volta de diversos formadores: o reitor, o diretor ou padre espiritual, os superiores e os professores. Estes devem sentir-se profundamente unidos ao bispo, que, a título diferente e de vários modos, representam, e devem viver entre si em convicta e cordial comunhão e colaboração: esta unidade dos educadores não só torna possível uma adequada realização do programa educativo, mas sobretudo oferece aos candidatos ao sacerdócio o exemplo significativo e a concreta introdução naquela comunhão eclesial que constitui um valor fundamental da vida cristã e do ministério pastoral.

É evidente que uma grande parte da eficácia formativa depende da personalidade madura e forte dos formadores, tanto sob o aspecto humano como evangélico. Por isso torna-se particularmente importante, por um lado, *a escolha cuidadosa dos formadores* e, por outro, o estímulo destes para que constantemente procurem ser *mais idôneos para o encargo que lhes foi confiado.* Conscientes de que, precisamente na escolha e na formação dos formadores, reside o futuro da preparação dos candidatos ao sacerdócio, os Padres sinodais detiveram-se longamente a precisar a identidade dos educadores. Concretamente escreveram: «A tarefa da formação dos candidatos ao sacerdócio certamente exige não só uma preparação especial dos formadores, que seja verdadeiramente técnica, pedagógica, espiritual, humana e teológica, mas também o espírito de comunhão e de colaboração na unidade para desenvolver o programa, de modo que seja salvaguardada a unidade na ação pastoral do Seminário, sob a orientação do reitor. O grupo dos formadores dê testemunho de uma vida verdadeiramente evangélica e de total dedicação ao Senhor. É oportuno que goze de uma certa estabilidade e tenha residência habitual no seio da comunidade do Seminário. Esteja intimamente unida ao bispo, como primeiro responsável da formação dos sacerdotes».[203]

Os bispos devem ser os primeiros a sentir sua grave responsabilidade na formação daqueles que serão encarregados da educação dos futuros presbíteros. Para este ministério devem ser escolhidos sacerdotes de vida exemplar e na posse de diversas qualidades: «maturidade humana e espiritual, experiência pastoral, competência profissional, estabilidade na própria vocação, capacidade de colaboração, preparação doutrinal nas ciências

203 *Propositio* 29.

humanas (especialmente em Psicologia) adequadas ao cargo, e o conhecimento das formas de trabalhar em grupo».[204]

Ressalvadas as distinções entre o foro interno e o externo, a oportuna liberdade de escolha dos confessores e a prudência e discrição convenientes ao ministério do diretor espiritual, a comunidade presbiteral dos educadores sinta-se solidária na responsabilidade de educar os candidatos ao sacerdócio. A ela, e sempre tendo como ponto de referência a autorizada avaliação conjunta do bispo e do reitor, compete, em primeiro lugar, a tarefa de promover e verificar a idoneidade dos candidatos quanto aos dotes humanos, espirituais e intelectuais, tendo como pontos fundamentais de referência o espírito de oração, a assimilação profunda da doutrina da fé, a capacidade para a autêntica fraternidade e o carisma do celibato.[205]

Tendo presentes — como aliás os Padres sinodais recordaram — as indicações da Exortação *Christifideles Laici,* e da Carta Apostólica *Mulieris Dignitatem,*[206] que põem em relevo um saudável influxo da espiritualidade laical e do carisma da feminilidade em todo e qualquer itinerário educativo, é oportuno incluir, de forma prudente e adaptada aos vários contextos culturais, a colaboração de *leigos, homens e mulheres,* no trabalho formativo dos futuros sacerdotes. Devem ser escolhidos com

204 *Ibid.*

205 Cf. *Propositio* 23.

206 Cf. Exort. ap. pós-sinodal, *Christifideles Laici* (30 de Dezembro de 1988), 61; 63: *l. c.,* 512-514; 517-518; Cart. Ap., *Mulieris Dignitatem* (15 de Agosto de 1988), 29-31: *l. c.,* 1721-1729.

cuidado, no quadro das leis da Igreja e segundo as suas comprovadas competências. Da sua colaboração, oportunamente coordenada e integrada nas responsabilidades educativas primárias dos formadores dos futuros presbíteros, é lícito esperar-se benéficos frutos para o crescimento equilibrado do sentido de Igreja e para uma percepção mais clara da própria identidade sacerdotal por parte dos candidatos ao presbiterado.[207]

OS PROFESSORES DE TEOLOGIA

67. Todos quantos introduzem e acompanham os futuros sacerdotes na *sacra doctrina,* por meio do ensino da Teologia, assumem uma particular responsabilidade educativa, que a experiência demonstra ser muitas vezes mais decisiva, no desenvolvimento da personalidade presbiteral, que a dos outros educadores.

A responsabilidade dos *professores de Teologia,* ainda antes de ter em conta a relação docente que devem criar com os candidatos ao sacerdócio, diz respeito à concepção que eles mesmos devem possuir da natureza da Teologia e do ministério sacerdotal, bem como do espírito e estilo segundo o qual devem desenvolver o ensino da Teologia. Neste sentido, os Padres sinodais afirmaram justamente que «o teólogo deve estar plenamente consciente de que no seu ensino não se afirma por si mesmo, mas deve abrir e comunicar a inteligência da fé fundamentalmente em nome do Senhor e da Igreja. Deste modo, o teólogo, mesmo valendo-se de to-

207 Cf *Propositio* 29.

das as possibilidades científicas, desempenha a sua tarefa mandado pela Igreja e colabora com o bispo na tarefa de ensinar. E porque teólogos e bispos estão ao serviço da mesma Igreja, na tarefa de promover a fé, devem desenvolver e cultivar uma confiança recíproca, e neste espírito, superar também as tensões e conflitos (cf. mais amplo desenvolvimento na Instrução da Congregação para a Doutrina da Fé sobre A *Vocação Eclesial do Teólogo)»*.[208]

O professor de Teologia, como qualquer outro educador, deve permanecer em comunhão e colaborar cordialmente com todas as outras pessoas empenhadas na formação dos futuros sacerdotes e apresentar, com rigor científico, generosidade, humildade e paixão, seu contributo original e qualificado, que não é apenas a simples comunicação de uma doutrina — mesmo sendo *a sacra doctrina* —, mas é sobretudo a oferta da perspectiva que unifica, no desígnio de Deus, os diversos conhecimentos humanos e as várias expressões de vida.

Em particular, a especificidade e o êxito formativo dos professores de Teologia mede-se pelo fato de eles serem, antes de mais, «homens de fé e cheios de amor pela Igreja, convencidos de que o sujeito adequado do conhecimento do mistério cristão continua a ser a Igreja enquanto tal, persuadindo-se, portanto, de que sua tarefa de ensinar é um autêntico ministério eclesial, e pelo fato de serem ricos de sentido pastoral para discernir não só os conteúdos, mas também as formas adequadas para o exercício deste ministério. Particularmente se requer dos

208 *Propositio* 30.

professores a fidelidade plena ao Magistério. De fato, ensinam em nome da Igreja e, por isso, são testemunhas da fé».[209]

A COMUNIDADE DE ORIGEM
E AS ASSOCIAÇÕES E MOVIMENTOS JUVENIS

68. As comunidades de onde provém o candidato ao sacerdócio, mesmo com a necessária separação que a opção vocacional implica, continuam a exercer um influxo não indiferente na formação do futuro sacerdote. Devem, por isso, estar conscientes de sua específica parte de responsabilidade.

Em primeiro lugar, deveremos mencionar a *família: os* pais cristãos, como também os irmãos e irmãs e outros membros do núcleo familiar, não devem nunca procurar reconduzir o futuro presbítero aos estreitos limites de uma lógica demasiadamente humana, se não mesmo mundana, ainda que sustentada por um sincero afeto (cf. *Mc* 3,20-21. 31-35). Animados eles mesmos do propósito de «cumprir a vontade de Deus», saberão acompanhar o caminho formativo, com a oração, o respeito, o bom exemplo das virtudes domésticas, e a ajuda espiritual e material, sobretudo nos momentos difíceis. A experiência ensina-nos que, em muitos casos, esta multifacetada ajuda se afigurou decisiva para o candidato ao sacerdócio. Mesmo no caso de pais e familiares indiferentes ou contrários à opção vocacional, o confronto claro e sereno com as suas posições e os estímulos, que

209 *Ibid.*

daí derivam, podem constituir uma preciosa ajuda, para que a vocação sacerdotal amadureça de modo consciente e decidido.

Em conexão profunda com as famílias, está a *comunidade paroquial.* Umas e outra se interligam no plano de educação para a fé. Muitas vezes a paróquia, com uma específica pastoral juvenil e vocacional, desempenha um papel de suplência relativamente à família. Sobretudo enquanto realização local mais imediata do mistério da Igreja, a paróquia oferece um contributo original e particularmente precioso para a formação do futuro sacerdote. A comunidade paroquial deve continuar a sentir como parte viva de si mesma o jovem a caminho do sacerdócio, deve acompanhá-lo com a oração, acolhê-lo cordialmente nos períodos de férias, respeitar e favorecer o desenvolvimento da sua identidade presbiteral, oferecendo-lhe ocasiões oportunas e estímulos fortes para pôr à prova sua vocação para a missão sacerdotal.

Também as *associações e movimentos juvenis,* sinal e confirmação da vitalidade que o Espírito assegura à Igreja, podem e devem contribuir para a formação dos candidatos ao sacerdócio, em particular daqueles que procedem da experiência cristã, espiritual e apostólica dessas entidades agregadoras. Os jovens que receberam a sua formação de base em tais agregações e a elas se referem para a sua experiência de Igreja, não deverão sentir-se convidados a cortar com o seu passado e a interromper as relações com o ambiente que contribuiu para concretizar a sua vocação, nem deverão apagar os traços característicos da espiritualidade que aí aprenderam e viveram, em tudo aquilo que de bom, edificante e enriquecedor essas agregações contêm.[210] Também para eles este ambiente de origem continua a ser fonte de ajuda e apoio na caminhada formativa para o sacerdócio.

As ocasiões de educação para a fé e de crescimento cristão e eclesial, que o Espírito oferece a tantos jovens, através de múltiplas formas de grupos, movimentos e associações de variada inspiração evangélica, devem ser sentidas e vividas como o dom de uma alma alimentadora dentro da instituição do Seminário e ao seu serviço. Um movimento ou uma espiritualidade particular, de fato, «não constitui uma estrutura alternativa à instituição. É, sim, a fonte de uma presença que continuamente regenera a sua autenticidade existencial e histórica. O sacerdote pode, por isso, encontrar, num movimento, a luz e o calor que o tornam capaz da fidelidade ao seu bispo, pronto para as incumbências da instituição e atento à disciplina eclesiástica, de modo que seja mais fértil a vibração da sua fé e o gosto da sua fidelidade».[211]

É, por conseguinte, necessário que, na nova comunidade do Seminário, na qual estão reunidos pelo bispo, os jovens provenientes de associações e de movimentos eclesiais aprendam «o respeito pelas outras vias espirituais e o espírito de diálogo e cooperação», tenham como ponto de referência coerente e cordial as orientações formativas do bispo e dos educadores do Seminá-

210 Cf. *Propositio* 25.

211 *Discurso* aos sacerdotes ligados ao movimento «Comunhão e Libertação» (12 de Setembro de 1985): *AAS* 78 (1986) 256.

rio, entregando-se com tranqüila confiança à sua orientação e às suas avaliações.[212] Esta atitude, de fato, prepara e de certo modo antecipa a genuína opção presbiteral de serviço a todo o Povo de Deus, na comunhão fraterna do presbitério e na obediência ao bispo.

A participação do seminarista e do presbítero diocesano em espiritualidades particulares ou agregações eclesiais é certamente, em si mesma, um fator benéfico de crescimento e de fraternidade sacerdotal. Mas esta participação não deve obstaculizar, antes deverá ajudar o exercício do ministério e a vida espiritual que são próprios do sacerdote diocesano, o qual «permanece sempre o pastor de todos em conjunto». Não é só o "permanente", disponível para todos, mas preside o encontro de todos — em particular se está à frente das paróquias — a fim de que todos encontrem o acolhimento que têm direito de esperar na comunidade e na Eucaristia que os reúne, qualquer que seja a sua sensibilidade religiosa ou o compromisso pastoral».[213]

O PRÓPRIO CANDIDATO

69. Não se pode esquecer, finalmente, que o próprio candidato ao sacerdócio deve ser considerado protagonista necessário e insubstituível de sua formação: toda e qualquer formação, naturalmente incluindo a sacerdotal, é, no fim de contas, uma autoformação. Ninguém, de

---

212 Cf. *Propositio* 25.

213 *Encontro* com os representantes do clero suíço em Einsiedeln (15 de Junho de 1984), 10: *Insegnamenti* VII/1 (1984) 1798.

fato, nos pode substituir na liberdade responsável que temos como pessoas individuais.

Certamente também o futuro sacerdote, e ele, antes de mais ninguém, deve crescer na consciência de que o protagonista por antonomásia da sua formação é o Espírito Santo que, com o dom do coração novo, configura e assimila a Jesus Cristo, Bom Pastor: nesse sentido, o candidato afirmará sua liberdade da maneira mais radical, ao acolher a ação formadora do Espírito. Mas acolher esta ação significa também, por parte do candidato ao sacerdócio, acolher as «mediações» humanas de que o Espírito se serve. Por isso mesmo, a ação dos vários educadores só se revela verdadeira e plenamente eficaz se o futuro sacerdote lhe oferece sua pessoal, convicta e cordial colaboração.

CAPÍTULO VI

EXORTO-TE A QUE REANIMES O DOM DE DEUS QUE ESTÁ EM TI

A FORMAÇÃO PERMANENTE DOS SACERDOTES

AS RAZÕES TEOLÓGICAS DA FORMAÇÃO PERMANENTE

70. «Exorto-te a que reanimes o dom de Deus que está em ti» (*2Tm* 1,6).

As palavras do Apóstolo ao bispo Timóteo podem legitimamente aplicar-se àquela formação permanente à qual são chamados todos os sacerdotes, por força do «dom de Deus» que receberam na sagrada Ordenação. Elas introduzem-nos na compreensão da verdade plena e da originalidade inconfundível da formação permanente dos presbíteros. Nisto somos ajudados também por um outro texto de Paulo, que escreve ao mesmo Timóteo: «Não descuides o dom espiritual que recebeste e que te foi concedido por uma intervenção profética, com a imposição das mãos dos presbíteros. Atende a estas coisas e ocupa-te nelas com todo o empenho, a fim de que o teu aproveitamento seja manifesto a todos. Cuida de ti mesmo e do teu ensino; insiste nestas coisas, porque, fazendo isto, salvar-te-ás a ti mesmo e aos outros que te escutam» (*1Tm* 4,14-16).

O Apóstolo pede a Timóteo para «reanimar», ou seja, para reacender o dom divino, como se faz com o fogo sob as cinzas, no sentido de acolhê-lo sem nunca perder ou esquecer aquela «novidade permanente» que é própria de todo o dom de Deus, daquele que faz novas todas as coisas (cf. *Ap* 21,5) e, portanto, de vivê-lo na sua inesgotável pujança e beleza original.

Mas aquele «reanimar» não é só o sucesso de uma tarefa confiada à responsabilidade de Timóteo, nem apenas o resultado de um empenho da sua memória e vontade. É o efeito de um dinamismo da graça intrínseco ao dom de Deus: é o próprio Deus, portanto, a reanimar o seu próprio dom, ou melhor, a libertar toda a extraordinária riqueza de graça e responsabilidade que nele está encerrada.

Com a efusão sacramental do Espírito Santo que consagra e envia, o presbítero é configurado a Jesus Cristo, Cabeça e Pastor da Igreja e é mandado a exercer o ministério pastoral. Assim, o sacerdote é assinalado para sempre e de modo indelével, no seu ser, como ministro de Jesus e da Igreja, é inserido numa condição permanente e irreversível de vida, e é encarregado dum ministério pastoral que, radicado no ser, compromete toda a sua existência e é também ele permanente. O sacramento da Ordem confere ao sacerdote a graça sacramental que o torna participante não só do «poder» e do «ministério» salvífico de Jesus, mas também do seu «amor» pastoral; ao mesmo tempo assegura ao sacerdote todas aquelas graças atuais que lhe serão dadas sempre que forem necessárias e úteis para o digno e perfeito cumprimento do ministério recebido.

A formação permanente encontra, assim, o seu fundamento próprio e a sua motivação original no dinamismo do sacramento da Ordem.

É certo que não faltam *razões, mesmo puramente humanas,* que solicitem o sacerdote a realizar a formação permanente. Esta é uma exigência da sua realização progressiva: cada vida é um caminho incessante em direção à maturidade, e esta passa através da formação contínua. Além disso, é uma exigência do ministério sacerdotal, visto simplesmente na sua natureza genérica e comum a qualquer profissão, ou seja, como um serviço prestado aos outros: hoje não existe profissão, compromisso ou trabalho que não exija uma contínua atualização, se quiser ser credível e eficaz. A exigência de «acertar o passo» com o caminho da História é outra razão humana que justifica a formação permanente.

Mas estas e outras razões são assumidas e especificadas pelas *razões teológicas* já recordadas e que se podem aprofundar ulteriormente.

O sacramento da Ordem, por sua natureza de «sinal» que é própria de todos os sacramentos, pode considerar-se, como realmente é, *Palavra de Deus:* é Palavra de Deus *que chama e envia,* é a expressão mais forte da vocação e da missão do sacerdote. Mediante o sacramento da Ordem, *Deus chama «coram Ecclesia» o candidato «ao»* sacerdócio. O «vem e segue-me» de Jesus encontra a sua proclamação plena e definitiva na celebração do sacramento de sua Igreja: manifesta-se e comunica-se através da voz dela, a qual ressoa nos lábios do bispo que reza e impõe as mãos. E o sacerdote responde, na fé, ao chamado de Jesus: «Venho e sigo-te». A partir desse momento, tem início aquela resposta que, como escolha fundamental, deve exprimir-se e reafirmar-se, ao longo dos anos do sacerdócio, em numerosíssimas outras respostas, todas elas radicadas e vivificadas pelo «sim» da Ordem sagrada.

Neste sentido, pode-se falar duma *vocação «no» sacerdócio*. Na realidade, Deus continua a chamar e a enviar, revelando o seu desígnio salvífico, no desenrolar histórico da vida do sacerdote e das vicissitudes da Igreja e da sociedade. É precisamente desta perspectiva que emerge o significado da formação permanente: ela é necessária para discernir e seguir esse contínuo chamado ou vontade de Deus. Assim, o apóstolo Pedro é chamado a seguir Jesus já depois de o Senhor ressuscitado lhe ter confiado a sua grei: «Respondeu-lhe Jesus: "Apascenta as minhas ovelhas. Em verdade, em verdade te digo: quando eras mais novo, tu mesmo te cingias e andavas por onde querias; mas, quando fores velho, estenderás as tuas mãos e outro te cingirá e te levará para onde tu não queres". E disse isto para indicar o gênero de morte com que ele havia de glorificar a Deus. E, dito isto, acrescentou: "Segue-me"» (*Jo* 21,17-19). É, portanto, um «segue-me» que acompanha a vida e a missão do apóstolo. É um «segue-me» que acompanha o apelo e a exigência de *fidelidade até à morte* (cf. *Jo* 21,22), um «segue-me» que pode significar uma *sequela Christi* até ao dom total de si no martírio.[214]

---

214 Cf. SANTO AGOSTINHO, *In Iohannis Evangelium Tractatus*, 123, 5: *l. c.*, 678-680.

Os Padres sinodais expressaram a razão que justifica a necessidade da formação permanente e, ao mesmo tempo, revela a sua natureza profunda, designando-a como *«fidelidade»* ao *ministério sacerdotal* e como *«processo de contínua conversão»*.[215] É o Espírito Santo, infundido pelo Sacramento, que sustém o presbítero nesta fidelidade e que o acompanha e estimula neste caminho de incessante conversão. O dom do Espírito não dispensa, antes solicita a liberdade do sacerdote, para que coopere responsavelmente e assuma a formação permanente como um dever que lhe é confiado. Assim esta é expressão e exigência da fidelidade dele ao seu ministério, ou melhor, ao seu próprio ser. É, portanto, amor a Jesus Cristo e coerência consigo mesmo. Mas constitui também um *ato de amor ao Povo de Deus,* ao serviço do qual o sacerdote está posto. É ainda um ato de *verdadeira e própria justiça:* ele é devedor ao Povo de Deus, chamado porque a reconhecer e a promover aquele seu «direito» fundamental de ser destinatário da Palavra de Deus, dos Sacramentos e do serviço da caridade, que são o conteúdo original e irrenunciável do ministério pastoral do padre. A formação permanente é necessária para que ele esteja em condições de responder condignamente a tal direito do Povo de Deus.

Alma e forma da formação permanente do sacerdote é a caridade pastoral: o Espírito Santo, que infunde a caridade pastoral, introduz e acompanha-o no conhecimento sempre mais profundo do mistério de Cristo, que é insondável na sua riqueza (cf. *Ef* 3,14-19), e,

---

215 Cf. *Propositio* 31.

por conseguinte, no conhecimento do mistério do sacerdócio cristão. A mesma caridade pastoral impele o presbítero a conhecer cada vez mais as esperanças, as necessidades, os problemas, as sensibilidades dos destinatários do seu ministério: destinatários envolvidos em suas concretas situações pessoais, familiares e sociais.

A tudo isto tende a formação permanente, vista como consciente e livre proposta em ordem ao dinamismo da caridade pastoral e do Espírito Santo, que é a sua primeira fonte e alimento contínuo. Neste sentido, a formação permanente é uma exigência intrínseca ao dom e ao ministério sacramental recebido e se revela necessária em todos os tempos. Hoje, porém, ela é particularmente urgente, não só pela rápida mudança das condições sociais e culturais dos homens e dos povos, no meio dos quais se exerce o ministério pastoral, mas também por aquela «nova evangelização» que constitui a tarefa essencial e inadiável da Igreja, no final do segundo milênio.

AS DIVERSAS DIMENSÕES
DA FORMAÇÃO PERMANENTE

71. A formação permanente dos sacerdotes, sejam diocesanos ou religiosos, é a continuação natural e absolutamente necessária daquele processo de estruturação da personalidade presbiteral, que se iniciou e desenvolveu no Seminário ou na Casa religiosa com o itinerário formativo em vista da Ordenação.

É de particular importância observar e respeitar a intrínseca *ligação que existe entre a formação que precede o sacerdócio e a que se lhe segue.* Se, de fato, existisse uma descontinuidade ou até discrepâncias entre estas duas fases formativas, surgiriam imediatamente graves conseqüências sobre a atividade pastoral e sobre a comunhão fraterna entre os presbíteros, em particular entre os de idades diferentes. A formação permanente não é uma repetição da que foi adquirida no Seminário, simplesmente revista ou ampliada com novas sugestões aplicativas. Ela desenvolve-se com conteúdos e sobretudo através de métodos relativamente novos, como um fato vital unitário que, no seu progresso — mergulhando as raízes na formação do Seminário —, requer adaptações, atualizações e modificações, sem, contudo, sofrer rupturas ou soluções de continuidade.

E vice-versa, já desde o Seminário maior é preciso preparar a futura formação permanente, e abrir para ela o espírito e o desejo dos futuros presbíteros, demonstrando sua necessidade, suas vantagens e seu objetivo, e assegurando as condições para a sua realização.

Precisamente porque a formação permanente é uma continuação da do Seminário, o seu fim não pode ser uma pura atitude, por assim dizer, profissional, obtida com a aprendizagem de algumas técnicas pastorais novas. Deve ser, antes, o manter vivo um geral e integral processo de contínuo amadurecimento, mediante o aprofundamento, quer de alguma das dimensões da formação — humana, espiritual, intelectual e pastoral — quer da sua íntima e viva conexão específica, a partir da caridade pastoral e em referência a ela.

72. Um primeiro aprofundamento diz respeito à *dimensão humana* da formação sacerdotal. No contato cotidiano com os homens, partilhando a sua vida de cada dia, o sacerdote deve aumentar e aprofundar aquela sensibilidade humana que lhe permite compreender as necessidades e acolher os pedidos, intuir as questões não expressas, partilhar as esperanças, as alegrias e as fadigas do viver comum, ser capaz de encontrar a todos e de dialogar com todos. Sobretudo conhecendo e partilhando, isto é, fazendo sua a experiência humana da dor na multiplicidade das suas manifestações, desde a indigência à doença, da marginalização à ignorância, à solidão, à pobreza material e moral, o padre enriquece a própria humanidade e torna-a mais autêntica e transparente, num crescente e apaixonado amor pelo homem.

No amadurecimento da sua formação humana, o presbítero recebe uma particular ajuda da graça de Jesus Cristo: a caridade do Bom Pastor, de fato, exprimiu-se não só com o dom da salvação aos homens, mas também com a partilha de sua vida, da qual o Verbo, que se fez «carne» (cf. *Jo* 1,14), quis conhecer a alegria e o sofrimento, experimentar a fadiga, partilhar as emoções, consolar a dor. Vivendo como homem entre e com os homens, Jesus Cristo oferece a mais absoluta, genuína e perfeita expressão de humanidade: vemo-lo a participar de uma festa nas bodas de Caná, a freqüentar uma família de amigos, a comover-se com a multidão faminta que o segue, a restituir aos pais seus filhos doentes ou mortos, a chorar a morte de Lázaro ...

Do sacerdote, cada vez mais amadurecido na sua sensibilidade humana, o Povo de Deus deve poder dizer algo de análogo ao que o autor da *Carta aos Hebreus* escreve de Jesus: «Não temos um sumo sacerdote que não possa compadecer-se das nossas fraquezas. Pelo contrário, ele mesmo foi provado em tudo, à nossa semelhança, exceto no pecado» (*Hb* 4,15).

A formação, na sua *dimensão espiritual,* é uma exigência da vida nova e evangélica, à qual o presbítero é chamado, de um modo específico, pelo Espírito Santo infundido no sacramento da Ordem. O Espírito, consagrando-o e configurando-o a Jesus Cristo, Cabeça e Pastor, cria uma ligação que, situada no próprio ser do sacerdote, precisa de ser assimilada e vivida de maneira pessoal, isto é, consciente e livre, mediante uma comunhão de vida e de amor cada vez mais rica e uma partilha sempre mais ampla e radical dos sentimentos e das atitudes de Jesus Cristo. Neste liame entre o Senhor Jesus e o padre, liame ontológico e psicológico, sacramental e moral, está o fundamento e, ao mesmo tempo, a força para aquela «vida segundo o Espírito» e aquela «radicalidade evangélica» a qual é chamado todo o sacerdote, e que é favorecida pela formação permanente, em seu aspecto espiritual. Esta formação mostra-se também necessária à autenticidade e fecundidade do ministério sacerdotal. «Exercitas a cura de almas?», perguntava S. Carlos Borromeu no seu discurso dirigido aos sacerdotes. E respondia deste modo: «Não descuides por causa disso o cuidado de ti mesmo, e não te dês aos outros até ao ponto de não restar nada de ti, para ti próprio. Certamente, deves ter presente as almas de quem és pastor, mas não te esqueças de ti mesmo. Com-preendei, irmãos, que nada é tão necessário a todas as pessoas eclesiásticas como a meditação que precede, acompanha e segue todas as nossas ações: cantarei, diz o profeta, e meditarei (cf. *Sl* 100,1). Se administras os Sacramentos, ó irmão, medita no que fazes. Se celebras a Missa, medita no que ofereces. Se recitas os salmos em coro, medita a quem e de que coisa falas. Se guias as almas, medita com que sangue foram lavadas; e tudo se faça entre vós na caridade (*1Cor* 16,14). Assim poderemos superar as dificuldades que encontramos, e são inumeráveis, cada dia. De resto, isto nos é pedido pela tarefa que nos foi confiada. Se assim fizermos, teremos a força para gerar Cristo em nós e nos outros».[216]

Em particular, a vida de oração deve ser continuamente «renovada» no sacerdote. A experiência, de fato, ensina que na oração não se vive dos rendimentos: em cada dia é preciso não só reconquistar a fidelidade exterior aos momentos de oração, sobretudo aos que se destinam à celebração da Liturgia das Horas e àqueles deixados à escolha pessoal, livres de prazos e horários de serviço litúrgico, mas também e especialmente reeducar à contínua procura de um verdadeiro encontro pessoal com Jesus, de um confiante colóquio com o Pai, de uma profunda experiência do Espírito.

Quando o apóstolo Paulo diz de todos os crentes que devem chegar «a formar o homem perfeito, à medida da estatura completa de Cristo» (*Ef* 4,13), isto aplica-se, de modo específico, aos sacerdotes chamados à per-

---

216 S. CARLOS BORROMEU, *Acta Ecclesiae Mediolanensis*, (Milão 1559) 1178.

feição da caridade e, portanto, à santidade, até porque o seu próprio ministério pastoral pede que eles sejam modelos vivos para todos os fiéis.

Também a *dimensão intelectual* da formação precisa de ser continuada e aprofundada durante toda a vida do presbítero, em particular mediante um estudo e atualização cultural séria e empenhada. Participante da missão profética de Jesus e inserido no mistério da Igreja, Mestra da verdade, ele é chamado a revelar aos homens, em Jesus Cristo, o rosto de Deus e, com isso, o verdadeiro rosto do homem.[217] Mas isto exige que o próprio sacerdote procure esse rosto e o contemple com veneração e amor (cf. *Sl* 26,8; 41,2): só assim pode dá-lo a conhecer aos outros. Em particular, a continuação do estudo teológico mostra-se necessária para que ele possa desempenhar com fidelidade o ministério da Palavra, anunciando-a sem confusões nem ambiguidades, distinguindo-a das simples opiniões humanas, mesmo se famosas e muito difusas. Assim poderá verdadeiramente colocar-se ao serviço do Povo de Deus, ajudando-o a dar as razões da esperança cristã a quem as pedir (cf. *1Pd* 3,15). Além disso, «o sacerdote, aplicando-se com consciência e constância ao estudo teológico, está em condições de assimilar de forma segura e pessoal, a genuína riqueza eclesial. Pode, portanto, cumprir a missão que o empenha na resposta às dificuldades acerca da autêntica doutrina católica, e superar a inclinação própria

217 Cf. CONC. ECUM. VAT. II, Const. past. sobre a Igreja no Mundo contemporâneo, *Gaudium et Spes*, 22.

e a dos outros para a divergência e a atitude negativa a respeito do Magistério e da Tradição».[218]

O aspecto pastoral da formação permanente está bem expresso nas palavras do apóstolo Pedro: «Como bons dispenseiros das graças de Deus, cada um de vós ponha à disposição dos outros os dons que recebeu» (*1Pd* 4,10). Para viver, cada dia, segundo os dons recebidos, é preciso que o sacerdote esteja cada vez mais aberto para acolher a caridade pastoral de Jesus Cristo, que lhe foi dada pelo seu Espírito no sacramento recebido. Assim como toda a atividade do Senhor foi o fruto e o sinal da caridade pastoral, assim deve ser também a atividade ministerial do padre. A caridade pastoral é um dom e, ao mesmo tempo, uma tarefa, uma graça e uma responsabilidade à qual é preciso ser fiel, ou seja, é preciso acolhê-la e viver seu dinamismo até às exigências mais radicais. Esta mesma caridade pastoral, como se disse, impele e estimula o presbítero a conhecer cada vez melhor a condição real dos homens aos quais é enviado, a discernir os apelos do Espírito nas circunstâncias históricas em que está inserido, a procurar os métodos mais adaptados e as formas mais úteis para exercer, hoje, o seu ministério. Assim, a caridade pastoral anima e sustenta os esforços humanos do sacerdote, em vista de uma ação pastoral que seja atual, crível e eficaz. Mas isto exige uma permanente formação pastoral.

O caminho para a maturidade não requer só que o sacerdote continue a aprofundar as diversas dimensões

---

218 SÍNODO DOS BISPOS, VIII Assem. Ger. Ord., *A formação sacerdotal nas circunstâncias atuais*, «Instrumentum Laboris», 55.

da sua formação, mas também e sobretudo que saiba integrar cada vez mais harmoniosamente entre si estas mesmas dimensões, chegando progressivamente à *unidade interior:* isso tornar-se-á possível pela caridade pastoral. Esta, de fato, não só coordena e unifica os diferentes aspectos, mas especifica-os, conotando-os como aspectos da formação do sacerdote enquanto tal, ou seja, enquanto transparência, imagem viva, ministro de Jesus, Bom Pastor.

A formação permanente ajuda-o a vencer a tentação de reduzir o seu ministério a um ativismo que se torna fim em si mesmo, a uma impessoal prestação de coisas mesmo espirituais ou sagradas, a um mero emprego ao serviço da organização eclesiástica. Só a formação permanente ajuda o padre a *guardar com amor vigilante o «mistério» que traz em si para o bem da Igreja e da humanidade.*

O SIGNIFICADO PROFUNDO DA FORMAÇÃO PERMANENTE

73. As diferentes e complementares dimensões da formação permanente ajudam-nos a compreender o seu significado profundo: ela tende a ajudar o padre a *ser* e *a fazer o padre* no espírito e segundo o estilo de Jesus, Bom Pastor.

A verdade é algo a construir! Assim nos adverte S. Tiago: «Sede cumpridores da palavra e não meros ouvintes, enganando-vos a vós próprios» (*Tg* 1,22). Os sacerdotes são chamados a «fazer a verdade» do seu ser, ou seja, a viver «na caridade» (cf. *Ef* 4,15) a sua identidade e o seu ministério na Igreja e para a Igreja. São chamados a tomar consciência cada vez mais viva do dom de Deus e a fazer dele contínua memória. É este o convite de Paulo a Timóteo: «Guarda o bom depósito pela virtude do Espírito Santo que habita em nós» (*2Tm* 1,14).

No contexto eclesiológico várias vezes recordado, pode-se considerar o significado profundo da formação permanente do sacerdote em ordem à sua presença e ação na Igreja *mysterium, communio et missio.*

Dentro da Igreja «mistério», ele é chamado, mediante a formação permanente, a *conservar e desenvolver na fé a consciência da verdade inteira e surpreendente do seu ser:* ele é ministro de Cristo e administrador dos mistérios de Deus (cf. *1Cor* 4,1). Paulo pede expressamente aos cristãos que o considerem segundo esta identidade; mas ele mesmo, em primeiro lugar, vive na consciência do dom sublime recebido do Senhor. Assim deve acontecer com todo sacerdote, se quiser permanecer na verdade do seu ser. Mas isto apenas é possível na fé, só olhando com os olhos de Cristo.

Neste sentido, pode-se dizer que a formação permanente tende a fazer com *que o padre seja um crente e se torne sempre mais crente:* que veja sempre verdade própria, com os olhos de Cristo. Ele deve guardar esta verdade com amor grato e alegre. Deve renovar sua fé, quando exerce o ministério sacerdotal: sentir-se ministro de Jesus Cristo, sacramento do amor de Deus pelo homem, todas as vezes que é meio e instrumento vivo de concessão da graça de Deus aos homens. Deve reconhecer esta mesma verdade nos irmãos do presbitério: é o princípio da estima e do amor aos outros sacerdotes.

74. A formação permanente ajuda o sacerdote, *dentro da Igreja «comunhão»*, a amadurecer a consciência de que o seu ministério é, em última instância, ordenado a *reunir a família de Deus* como fraternidade animada pela caridade e a conduzi-la ao Pai por meio de Cristo, no Espírito Santo.[219]

O presbítero deve crescer no *conhecimento da profunda comunhão que o liga ao Povo de Deus:* ele não está apenas «à frente» da Igreja, mas e primariamente «na» Igreja. É irmão entre irmãos. Agraciado pelo Batismo, com a dignidade e a liberdade dos filhos de Deus no Filho unigênito, o sacerdote é membro do mesmo e único Corpo de Cristo (cf. *Ef* 4,16). A consciência desta comunhão desemboca na necessidade de suscitar e desenvolver a *co-responsabilidade* na comum e única missão de salvação, com a pronta e cordial valorização de todos os carismas e tarefas que o Espírito oferece aos crentes para a edificação da Igreja. É sobretudo na realização do ministério pastoral, por sua natureza ordenada ao bem do Povo de Deus, que o padre deve viver e testemunhar sua profunda comunhão com todos, como escrevia Paulo VI: «É preciso fazer-se irmão dos homens no mesmo ato em que queremos ser seus pastores, pais e mestres. O clima do diálogo é a amizade; ou melhor, o serviço».[220]

---

219 Cf. CONC . ECUM . VAT . II, Decr. sobre o Ministério e a Vida dos Sacerdotes, *Presbyterorum Ordinis,* 6.

220 Carta Enc., *Ecclesiam Suam,* III: *AAS* 56 (1964) 647.

De modo mais específico, o sacerdote é chamado a amadurecer a consciência de ser *membro da Igreja particular,* na qual está incardinado, ou seja, inserido por uma ligação ao mesmo tempo jurídica, espiritual e pastoral. Essa consciência supõe e faz crescer um amor particular à própria Igreja. Esta, na realidade, é o termo vivo e permanente da caridade pastoral que deve acompanhar a vida do padre e que o leva a partilhar a história ou a experiência de vida desta Igreja particular nas suas riquezas e fragilidades, nas suas dificuldades e esperanças, a trabalhar nela para o seu crescimento. Cada qual, unido aos outros presbíteros, deve, portanto, sentir-se enriquecido pela Igreja particular e empenhado ativamente na sua edificação, prolongando aquela ação pastoral que distinguiu os irmãos que o precederam. Uma exigência insuprimível da caridade pastoral à própria Igreja particular e do seu amanhã ministerial é a solicitude que o sacerdote deve ter para encontrar, por assim dizer, alguém que o substitua no sacerdócio.

O padre deve amadurecer na consciência da *comunhão que subsiste entre as várias Igrejas particulares,* uma comunhão radicada no seu próprio ser de Igrejas que vivem *in loco* a Igreja única e universal de Cristo. Uma tal consciência de comunhão intereclesial favorecerá o «intercâmbio de dons», a começar pelos dons vivos e pessoais que são os próprios sacerdotes. Daqui a disponibilidade, ou melhor, o empenho generoso na realização de uma eqüitativa distribuição do clero.[221] Entre

---

221 Cf. CONGR. PARA O CLERO, Notas diretivas para a promoção da cooperação mútua das Igrejas particulares e especialmente para a distribuição mais adequada do clero, *Postquam Apostoli* (25 de Março de 1980): *AAS* 72 (1980) 343-364.

estas Igrejas particulares devem ser recordadas as que, «privadas da liberdade, não podem ter vocações próprias», como também as «Igrejas recentemente saídas da perseguição e as Igrejas pobres às quais já foram ajudadas, durante muito tempo e por parte de muitos, e continuam ainda a ser ajudadas com ânimo grande e fraterno».[222]

Dentro da comunhão eclesial, o sacerdote é particularmente chamado a *crescer,* na sua formação permanente, *no e com o próprio presbitério unido ao bispo.* Em sua verdade plena, o presbitério é um *mysterium:* de fato, é uma realidade sobrenatural porque se radica no sacramento da Ordem. Este é a sua fonte, a sua origem. É o «lugar» do seu nascimento e crescimento. Com efeito, «os presbíteros, mediante o sacramento da Ordem, estão ligados a Cristo, único Sacerdote, por um vínculo pessoal e indissolúvel. A Ordem lhes é conferida como pessoas singulares, mas são inseridos na comunhão de todo o presbitério com o bispo (*Lumen Gentium,* 28; *Presbyterorum Ordinis,* 7 e 8)».[223]

Esta origem sacramental reflete-se e prolonga-se no âmbito do exercício do ministério presbiteral: do *mysterium ao ministerium.* «A unidade dos presbíteros com o bispo e entre si não se acrescenta, de fora, à natureza própria do seu serviço, mas exprime a sua essência enquanto é o cuidado de Cristo Sacerdote pelo Povo reunido na unidade da Santíssima Trindade.»[224] Esta uni-

222 *Propositio* 39.
223 *Propositio* 34.
224 *Ibid.*

dade presbiteral, vivida no espírito da caridade pastoral, torna os sacerdotes testemunhas de Jesus Cristo, que pediu ao Pai «para que todos sejam um só» (*Jo* 17,21).

A fisionomia do presbitério é, portanto, a de uma *verdadeira família*, de uma fraternidade, cujos laços não são os da carne nem do sangue, mas os da graça sacramental da Ordem: uma graça que assume e eleva as relações humanas, psicológicas, afetivas e espirituais entre os sacerdotes; uma graça que se expande, penetra, se revela e concretiza nas mais variadas formas de ajuda recíproca, não só espirituais mas também materiais. A fraternidade presbiteral não exclui ninguém, mas pode e deve ter as suas preferências: são as preferências evangélicas, reservadas a quem tem maior necessidade de ajuda ou encorajamento. Assim, essa fraternidade «tem um cuidado especial pelos jovens presbíteros, tem um cordial e fraterno diálogo com os de meia idade e os de idade avançada, e com os que, por razões diversas, experimentam dificuldades; e também aos sacerdotes que abandonaram esta forma de vida ou que não a seguem, não os abandona, pelo contrário, acompanha-os ainda mais, com fraterna solicitude».[225]

Do único presbitério fazem também parte, a título diferente, *os presbíteros religiosos* que residem e trabalham na Igreja particular. Sua presença constitui um enriquecimento para todos; e os vários carismas particulares, por eles vividos, enquanto são um apelo a que os presbíteros cresçam na compreensão do próprio sacerdócio, contribuem para estimular e acompanhar a for-

225 *Ibid.*

mação permanente dos sacerdotes. O dom da vida religiosa, na estrutura diocesana, quando é acompanhado de sincera estima e justo respeito pela particularidade de cada instituto e de cada tradição espiritual, alarga o horizonte do testemunho cristão e contribui, de vários modos, para enriquecer a espiritualidade sacerdotal, sobretudo no que se refere à correta relação e ao recíproco influxo entre os valores da Igreja particular e os da universalidade do Povo de Deus. Por seu lado, os religiosos estarão atentos para garantir um espírito de verdadeira comunhão eclesial, uma participação cordial no caminho da diocese e nas opções pastorais do bispo, pondo voluntariamente à disposição o próprio carisma para a edificação de todos na caridade.[226]

Enfim, no contexto da Igreja «comunhão» e do presbitério, pode-se enfrentar melhor o problema da *solidão do sacerdote,* sobre o qual refletiram os Padres sinodais. Há uma solidão que faz parte da experiência de todos e que é algo absolutamente normal. Mas há também aquela solidão que nasce de dificuldades várias e que, por sua vez, provoca ulteriores contrariedades. Neste sentido, «a ativa participação no presbitério diocesano, os contatos regulares com o bispo e com os outros sacerdotes, a mútua colaboração, a vida comum ou fraterna entre colegas, como também a amizade e a cordialidade com os fiéis leigos atuantes nas paróquias

---

226 Cf. *Propositio* 38; CONC. ECUM. VAT. II, Decr. sobre o Ministério e a Vida dos Sacerdotes, *Presbyterorum Ordinis,* 1; Decr. sobre a Formação sacerdotal *Optatam Totius,* 1; CONGR. PARA OS RELIGIOSOS E OS INSTITUTOS SECULARES e CONGR. PARA OS BISPOS, Notas diretivas para as mútuas relações entre os bispos e os religiosos *Mutuae Relationes* (14 de Maio de 1978), 2, 10: *l. c.,* 475; 479-480.

são meios muito úteis para ultrapassar os efeitos da solidão que algumas vezes o sacerdote pode experimentar».[227]

A solidão, porém, não cria só dificuldades, oferece também oportunidades positivas para a vida sacerdotal: «aceita com espírito de oferta, e procurada na intimidade com Jesus Cristo Senhor, a solidão pode ser uma oportunidade para a oração e o estudo, como também uma ajuda para a santificação e o crescimento humano».[228] Uma certa forma de solidão é elemento necessário para a formação permanente. Jesus sabia retirar-se, por vezes, para orar sozinho (cf. *Mt* 14,23). A capacidade de agüentar uma boa solidão é condição indispensável para o cuidado da vida interior. Trata-se de uma solidão habitada pela presença do Senhor, que, na luz do Espírito Santo, nos põe em contato com o Pai. Neste sentido, a procura do silêncio e de espaços e tempos de «deserto» é necessária à formação permanente, quer no campo intelectual, quer no campo espiritual e pastoral. Neste sentido ainda, pode-se afirmar que não é capaz de verdadeira e fraterna comunhão, quem não sabe viver bem a própria solidão.

75. A formação permanente destina-se a *fazer crescer no sacerdote a consciência da sua participação na missão salvífica da Igreja*. Na Igreja «missão», a formação permanente dele entra não só como sua condição necessária, mas também como meio indispensável para manter

---

227 *Propositio* 35.
228 *Ibid.*

constantemente vivo o *sentido* da missão e para garantir-lhe uma realização fiel e generosa. Com tal formação, o presbítero é ajudado a tomar plena consciência, por um lado, da gravidade, mas também da graça esplêndida de uma obrigação que não pode deixá-lo tranqüilo. Como Paulo, deve poder afirmar: «Para mim, evangelizar não é um título de glória, mas um dever. Ai de mim se não prego o Evangelho!» (*1Cor* 9,16). E, por outro lado, é ajudado a tomar consciência de um pedido insistente, explícito ou implícito, dos homens, que Deus incansavelmente chama à salvação.

Só uma adequada formação permanente consegue manter o sacerdote naquilo que é essencial e decisivo para o seu ministério, ou seja, na fidelidade, como escreve o apóstolo Paulo: «Ora, o que se requer dos administradores (dos mistérios de Deus) é que sejam fiéis» (*1Cor* 4,2). O padre deve ser fiel, não obstante as mais diversas dificuldades encontradas, nas condições mais incômodas ou de compreensível cansaço, com todas as energias de que dispõe, e até o fim da vida. O testemunho de Paulo deve servir de exemplo e de estímulo para cada sacerdote. «Da nossa parte — escreve aos cristãos de Corinto — não damos em nada qualquer motivo de escândalo para que o nosso ministério não seja censurado. Em todas as coisas, procuramos acreditar-nos como ministros de Deus, com muita paciência nas tribulações, nas necessidades, nas angústias, nos açoites, nos cárceres, nas sedições, nos trabalhos, nas vigílias, nos jejuns; pela castidade, pela ciência, pela paciência, pela bondade, pelo Espírito Santo, por uma caridade não fingida, pela palavra da verdade, pelo poder de Deus; com as armas da justiça, as da mão direita e as da esquerda; na honra e na desonra, na boa e na má fama; considerados como impostores, ainda que sinceros; como desconhecidos, ainda que bem conhecidos; como agonizantes, embora estejamos com vida; como condenados, ainda que livres da morte; considerados tristes, mas sempre alegres; pobres, ainda que tenhamos enriquecido a muitos; como nada tendo, mas possuindo tudo» (*2Cor* 6,3-10).

EM TODAS AS IDADES E CONDIÇÕES DE VIDA

76. A formação permanente, precisamente porque é «permanente», deve acompanhar os sacerdotes *sempre,* ou seja, em todos os períodos e condições de sua vida, assim como nos diversos níveis de responsabilidade eclesial: evidentemente, com as possibilidades e características ligadas às várias idades, condições de vida e tarefas confiadas.

A formação permanente é um dever, antes de mais, para os *jovens sacerdotes:* deve ter uma tal freqüência e sistematização de encontros que, enquanto prolonga a seriedade e a solidez da formação recebida no Seminário, introduza progressivamente os jovens na compreensão e na vivência das singulares riquezas do «dom» de Deus — o sacerdócio — e na expressão das suas potencialidades e atitudes ministeriais, graças também a uma inserção cada vez mais convicta e responsável no presbitério, e, portanto, na comunhão e na co-responsabilidade com todos os irmãos no sacerdócio.

Se se pode compreender um certo sentido de «sociedade» que se apodera dos jovens padres mal saídos do Seminário, frente a novas ocasiões de estudo e de encontro, deve-se, todavia, rejeitar como absolutamente falsa e perigosa a idéia de que a formação presbiteral se conclui com o término de permanência no Seminário.

Participando dos encontros de formação permanente, os jovens sacerdotes poderão oferecer uma recíproca ajuda com a troca de experiências e de reflexões sobre a tradução concreta daquele ideal presbiteral e ministerial que assimilaram nos anos de Seminário. Ao mesmo tempo, sua participação ativa nos encontros formativos do presbitério poderá servir de exemplo e de estímulo aos outros sacerdotes mais avançados em idade, testemunhando, assim, o próprio amor a todo o presbitério e a própria paixão pela Igreja particular necessitada de padres bem formados.

Para acompanhar os jovens sacerdotes nesta primeira e delicada fase da sua vida e do seu ministério, é hoje muito oportuno, senão mesmo necessário, criar *propositadamente uma estrutura de apoio,* com guias e mestres apropriados, na qual possam encontrar, de modo orgânico e continuado, as ajudas necessárias para bem iniciar o seu serviço sacerdotal. Por ocasião dos encontros periódicos, suficientemente longos e freqüentes, possivelmente orientados em ambiente comunitário e regime interno, ser-lhes-ão garantidos momentos preciosos de repouso, de oração, de reflexão e de intercâmbio fraterno. Assim, logo desde o início, será mais fácil para eles dar uma orientação evangelicamente equilibrada à sua vida presbiteral. E se cada uma das Igrejas particulares, por si, não puder oferecer este serviço aos seus jovens sacerdotes, será oportuno que se unam entre si as Igrejas vizinhas e, em conjunto, invistam recursos e elaborem programas adaptados.

77. A formação permanente constitui também um dever para *os presbíteros de meia idade.* Na verdade, são múltiplos os riscos que podem correr, precisamente em razão da idade, como, por exemplo, um ativismo exagerado e uma certa rotina no exercício do ministério. Assim, o sacerdote é tentado a presumir de si, como se a sua já comprovada experiência pessoal não precisasse mais de confrontar-se com nada nem com ninguém. Freqüentemente o sacerdote «adulto» sofre de uma espécie de cansaço interior perigoso, sinal de uma desilusão resignada diante das dificuldades e dos insucessos. A resposta a esta situação é dada pela formação permanente, por uma contínua e equilibrada revisão de si mesmo e do próprio agir, pela procura constante de motivações e de instrumentos para a sua missão: deste modo, o sacerdote manterá o espírito vigilante e pronto para os perenes mas sempre novos apelos de salvação que cada um põe ao padre, «homem de Deus».

A formação permanente deve interessar, também, aqueles *presbíteros* que, pela idade avançada, são designados como *idosos,* e que em algumas Igrejas constituem a parte mais numerosa do presbitério. Este deve demonstrar-lhes gratidão pelos fiéis serviços que prestaram a Cristo e à Igreja, e solidariedade concreta pela sua condição. Para eles, a formação permanente não com-

204

portará tanto obrigações de estudo, de atualização e de debate cultural, mas sobretudo a confirmação serena e animadora do papel que ainda são chamados a desempenhar no presbitério: não só para o prosseguimento, embora de formas diversas, do ministério pastoral, mas também pela possibilidade que têm, graças à sua experiência de vida e de apostolado, de se tornarem eles mesmos válidos mestres e formadores de outros sacerdotes.

Também os padres que, pelas fadigas ou doença, se encontram numa *condição de debilidade física ou de cansaço moral,* podem ser ajudados por uma formação permanente que os estimule a prosseguir, de modo sereno e forte, o seu serviço à Igreja, a não isolar-se da comunidade nem do presbitério, a reduzir a atividade externa para dedicar-se aos atos de relação pastoral e de espiritualidade pessoal capazes de sustentar as motivações e a alegria do seu sacerdócio. A formação permanente ajuda-los-á, em particular, a manter viva aquela convicção que eles próprios inculcaram nos fiéis, isto é, a de continuaram a ser membros ativos na edificação da Igreja, especialmente em razão da sua união a Jesus Cristo sofredor e a tantos outros irmãos e irmãs que na Igreja tomam parte na paixão do Senhor, revivendo a experiência espiritual de Paulo, que dizia: «Alegro-me nos sofrimentos suportados por vossa causa e completo na minha carne o que falta aos sofrimentos de Cristo, em favor do seu Corpo, que é a Igreja» (*Cl* 1,24).[229]

229 Cf. *Propositio* 36.

OS RESPONSÁVEIS
DA FORMAÇÃO PERMANENTE

78. As condições, em que muitas vezes e em tantos lugares se processa atualmente o ministério dos presbíteros, não facilitam um empenho sério na formação: a multiplicação de tarefas e serviços, a complexidade da vida humana em geral, e a das comunidades cristãs em particular, o ativismo e a ânsia típica de tantas áreas da nossa sociedade privam, freqüentemente, os sacerdotes do tempo e das energias indispensáveis para «cuidar de si mesmos» (cf. *1Tm* 4,16).

Isto deve fazer crescer em todos a responsabilidade, para que as dificuldades sejam superadas, ou melhor, se tornem um desafio para elaborar e realizar uma formação permanente que responda, de modo adequado, à grandeza do dom de Deus e à gravidade dos pedidos e exigências do nosso tempo.

Os responsáveis dessa formação permanente devem ser procurados na Igreja «comunhão». Neste sentido, é *toda a Igreja particular* que, sob a orientação do bispo, é investida da responsabilidade de estimular e cuidar, de vários modos, a formação permanente dos sacerdotes. Estes não existem para si mesmos, mas para o Povo de Deus: por isso, a formação permanente, enquanto assegura a maturidade humana, espiritual, intelectual e pastoral dos padres, resulta num bem cujo destinatário é o Povo de Deus. De resto, o próprio exercício do ministério pastoral leva a um contínuo e fecundo intercambio recíproco entre a vida de fé dos presbíteros e a dos fiéis. Precisamente *a partilha de vida entre o presbítero e a comunidade,* se sapientemente conduzida e utilizada, constitui um *contributo fundamental* para a formação permanente, não redutível, porém, a qualquer episódio ou iniciativa isolada, mas alargada a todo o ministério e vida do sacerdote.

De fato, a experiência cristã das pessoas simples e humildes, os ímpetos espirituais das pessoas enamoradas de Deus, as aplicações corajosas da fé à vida, por parte dos cristãos empenhados nas várias responsabilidades sociais e civis são acolhidas pelo presbítero que, enquanto as ilumina com o seu serviço sacerdotal, tira delas um precioso alimento espiritual. Até as dúvidas, as crises e os atrasos frente às mais variadas condições pessoais e sociais, as tentações de recusa ou de desespero no momento da dor, da doença, da morte: enfim, todas as circunstâncias difíceis que os homens encontram no seu caminho da fé são fraternalmente vividas e sinceramente sofridas pelo coração do presbítero que, ao procurar as respostas para os outros, é continuamente estimulado a encontrá-las, antes de mais, para si mesmo.

Assim, todo o Povo de Deus, na diversidade dos seus membros, pode e deve oferecer uma preciosa ajuda à formação permanente dos seus sacerdotes. Neste sentido, deve deixar-lhes espaços de tempo para o estudo e para a oração, pedir-lhes aquilo para que foram enviados por Cristo, e nada mais, oferecer colaboração nos vários âmbitos da missão pastoral, especialmente no que diz respeito à promoção humana e ao serviço da caridade, assegurar relacionamentos cordiais e fraternos com eles, facilitar-lhes a consciência de que não são «donos da fé» mas «colaboradores da alegria» de todos os fiéis (cf. *2Cor* 1,24).

A responsabilidade formadora da Igreja particular pelos sacerdotes concretiza-se e especifica-se em relação aos diferentes membros que a compõem, a começar pelo próprio presbítero.

79. Num certo sentido, é precisamente *cada sacerdote individualmente, o primeiro responsável, na Igreja, pela formação permanente:* na realidade, sobre cada padre recai o dever, radicado no sacramento da Ordem, de ser fiel ao dom de Deus e ao dinamismo de conversão cotidiana que vem desse mesmo, dom. Os regulamentos ou as normas da autoridade eclesiástica, ou mesmo o exemplo dos outros sacerdotes, não bastam para tornar apetecível a formação permanente, se cada um não estiver pessoalmente convencido da sua necessidade e determinado a valorizar-lhe as ocasiões, os tempos, as formas. A formação permanente mantém a «juventude» do espírito, que ninguém pode impor de fora, mas que cada um deve encontrar continuamente dentro de si mesmo. Só quem conserva sempre vivo o desejo de aprender e de crescer possui essa «juventude».

Fundamental é a responsabilidade do *bispo* e, com ele, do *presbitério*. A daquele funda-se sobre o fato de os presbíteros receberem, através dele, o sacerdócio e partilharem com ele a solicitude pastoral pelo Povo de Deus. Ele é responsável por aquela formação permanente destinada a fazer com que todos os seus sacerdotes sejam generosamente fiéis ao dom e ao ministério recebido, tal como o Povo de Deus o quer e tem o «direito» de ter. Esta responsabilidade leva o bispo, em comunhão com o presbitério, a delinear um projeto e a estabelecer uma programação capaz de configurar a formação permanente não como algo de episódico mas como uma proposta sistemática de conteúdos, que se desenrola por etapas e se reveste de modalidades precisas. Ele assumirá a sua responsabilidade não só assegurando ao seu presbitério lugares e momentos de formação permanente, mas também estando presente em pessoa e participando de modo convicto e cordial. Por vezes será oportuno, ou até necessário, que os bispos de várias dioceses vizinhas ou de uma região eclesiástica se ponham de acordo e unam as suas forças para poder oferecer iniciativas mais qualificadas e verdadeiramente estimulantes para a formação permanente, tais como cursos de atualização bíblica, teológica e pastoral, semanas de estudos, ciclos de conferências, momentos de reflexão e de análise sobre o itinerário pastoral do presbitério e da comunidade eclesial.

Para dar cumprimento a esta responsabilidade, o bispo solicite também o contributo das Faculdades e dos Institutos teológicos e pastorais, dos Seminários, dos organismos ou federações que reúnem pessoas — sacerdotes, religiosos e fiéis leigos — empenhadas na formação presbiteral.

No âmbito da Igreja particular, um lugar significativo é reservado às *famílias:* a elas, de fato, em sua dimensão de «igrejas domésticas», faz referência concreta à vida das comunidades eclesiais animadas e guiadas pelos sacerdotes. É de se realçar particularmente o papel da família de origem. Esta, em união e comunhão de desígnios, pode oferecer à missão do filho um contributo específico importante. Cumprindo o plano providencial que a quis berço do gérmem vocacional e indispensável ajuda para o seu desenvolvimento, a família do sacerdote, no mais absoluto respeito por este filho que escolheu doar-se a Deus e ao próximo, deve permanecer sempre como uma fiel e encorajante testemunha da sua missão, acompanhando-a e partilhando-a com dedicação e respeito.

MOMENTOS, FORMAS E MEIOS
DA FORMAÇÃO PERMANENTE

80. Se cada momento pode ser um «tempo favorável» (cf. *2Cor* 6,2), no qual o Espírito Santo diretamente conduz o sacerdote a um crescimento na oração, no estudo e na consciência das próprias responsabilidades pastorais, há, todavia, momentos «privilegiados», mesmo se mais comunitários e pré-estabelecidos.

Deve-se recordar aqui, antes de mais, os *encontros do bispo com o seu presbitério,* sejam eles litúrgicos (em particular a concelebração da Missa crismal de Quintafeira Santa), pastorais ou culturais, em ordem a um confronto sobre a atividade pastoral ou ao estudo de determinados problemas teológicos.

Estão, depois, os *encontros de espiritualidade sacerdotal,* tais como os retiros, os dias de recolhimento e de espiritualidade etc. Constituem ocasião para um crescimento espiritual e pastoral, para uma oração mais prolongada e calma, para uma volta às raízes do seu ser padre, para reencontrar vigor de motivações para a fidelidade e o impulso pastoral.

Importantes são, também, os *encontros de estudo e de reflexão comum:* impedem o empobrecimento cultural e a fixação em posições cômodas·mesmo no campo pastoral, fruto de preguiça mental; asseguram uma síntese mais madura entre os diversos elementos da vida espiritual, cultural e apostólica; abrem a mente e o coração aos novos desafios da História e aos novos apelos que o Espírito Santo dirige à Igreja.

81. Múltiplas são as ajudas e os meios de que a formação permanente se pode servir para se tornar cada vez mais uma preciosa experiência vital para o clero. De entre eles, recordamos as diferentes *formas de vida comum* entre os sacerdotes, sempre presentes, ainda que em modalidades e intensidades diferentes, na história da Igreja: «Hoje não se pode deixar de recomendá-las, sobretudo entre aqueles que vivem ou estão empenhados pastoralmente no mesmo lugar. Além de favorecer a vida e a ação pastoral, esta vida comum do clero oferece a todos, presbíteros e leigos, um exemplo luminoso de caridade e de unidade».[230]

Outra ajuda pode ser dada pelas associações *sacerdotais,* em particular pelos institutos seculares sacerdo-

---

230 SÍNODO DOS BISPOS, VIII Assem. Ger. Ord., *A Formação dos sacerdotes nas circunstâncias atuais*, «Instrumentum Laboris», 60; cf. CONC. ECUM. VAT. II, Decr. sobre o Ministério pastoral dos Bispos na Igreja, *Christus Dominus*, 30; Decr. sobre o Ministério e a Vida dos Sacerdotes, *Presbyterorum Ordinis*, 8; *CIC* cân. 550, 2.

tais, que apresentam como nota específica a diocesaneidade, por força da qual os sacerdotes se unem mais estreitamente ao bispo, e constituem «um estado de consagração no qual os sacerdotes, mediante votos ou outros laços sagrados, são chamados a encarnar na vida os conselhos evangélicos».[231] Todas as formas de «fraternidade sacerdotal» aprovadas pela Igreja são úteis tanto para a vida espiritual como para a vida apostólica e pastoral.

Também a prática da *direção espiritual* contribui muito para favorecer a formação permanente dos sacerdotes. É um meio clássico, que nada perdeu do seu precioso valor, não só para assegurar a formação espiritual mas ainda para promover e sustentar uma contínua fidelidade e generosidade no exercício do ministério sacerdotal. Como então escrevia o futuro Papa Paulo VI, «a direção espiritual tem uma função belíssima e pode-se dizer indispensável para a educação moral e espiritual da juventude que queira interpretar e seguir com absoluta lealdade a vocação da própria vida, seja ela qual for, e conserva sempre uma importância benéfica para todas as idades da vida, quando à luz e à caridade de um conselho piedoso e prudente se pede a comprovação da própria retidão e o conforto para o cumprimento generoso dos próprios deveres. É meio pedagógico muito delicado, mas de grandíssimo valor; é arte pedagógica e psicológica de grande responsabilidade para quem a exercita; é exercício espiritual de humildade e de confiança para quem a recebe».[232]

---

231 *Propositio* 37.
232 J. B. MONTINI, Carta pastoral, *Sobre o sentido moral,* 1961.

CONCLUSÃO

82. «Dar-vos-ei pastores segundo o meu coração» (*Jr* 3,15).

Ainda hoje esta promessa de Deus está viva e operante na Igreja: esta sente-se, em todos os tempos, feliz destinatária destas palavras proféticas; vê a sua realização cotidiana em tantos lugares da Terra, melhor, em tantos corações humanos, sobretudo de jovens. E deseja que, frente às graves e urgentes necessidades próprias e do mundo, às portas do terceiro milênio, esta divina promessa se cumpra de um modo novo, mais amplo, intenso, eficaz: como uma extraordinária efusão do Espírito do Pentecostes.

A promessa do Senhor suscita, no coração da Igreja, a oração, a súplica ardente e confiante no amor do Pai de que, tal como mandou Jesus, o Bom Pastor, os Apóstolos, seus sucessores e uma multidão inumerável de presbíteros, assim continue a manifestar aos homens de hoje a sua fidelidade e a sua bondade.

E a Igreja está pronta a responder a esta graça. Sente que o dom de Deus exige uma resposta coral e generosa: todo o Povo de Deus deve incansavelmente rezar e trabalhar pelas vocações sacerdotais; os candidatos ao sacerdócio devem preparar-se com grande seriedade para acolher e viver o dom divino, conscientes de que a Igreja e o mundo têm absoluta necessidade deles;

devem enamorar-se de Cristo, Bom Pastor, modelar seu coração sobre o dele, estar prontos a ir pelas estradas do mundo como sua imagem, para proclamar a todos Cristo, Caminho, Verdade e Vida.

Um apelo particular dirijo às famílias: que os pais, e especialmente as mães, sejam generosos em dar ao Senhor os seus filhos chamados ao sacerdócio, e colaborem com alegria no seu itinerário vocacional, conscientes de que, deste modo, tornam maior e mais profunda a sua fecundidade cristã e eclesial e podem experimentar, em certa medida, a bem-aventurança de Maria, a Virgem Mãe: «Bendita és tu entre as mulheres, e bendito é o fruto do teu ventre» (*Lc* 1,42).

E aos jovens de hoje digo: sede mais dóceis à voz do Espírito, deixai ressoar, no profundo do coração, as grandes esperanças da Igreja e da humanidade; não tenhais medo de abrir o vosso espírito ao chamado de Cristo, senti sobre vós o olhar amoroso de Jesus e respondei com entusiasmo à proposta de um seguimento radical.

A Igreja corresponde à graça mediante o compromisso que os sacerdotes assumem de realizar aquela formação requerida pela dignidade e pela responsabilidade que lhes foram conferidas através do sacramento da Ordem. Todos eles são chamados a se conscientizar da singular urgência da sua formação na hora presente: a nova evangelização tem necessidade de evangelizadores novos, e estes são os presbíteros que se esforçam por viver o seu sacerdócio como caminho específico para a santidade.

A promessa de Deus é a de assegurar à Igreja não quaisquer pastores, mas pastores «segundo o seu coração». O «coração» de Deus revelou-se-nos plenamente no Coração de Cristo, Bom Pastor. E o Coração de Jesus continua, hoje, a ter compaixão das multidões e a dar-lhes o pão da verdade e o pão do amor e da vida (cf. *Mc* 6,30-44), e quer palpitar noutros corações — o dos sacerdotes: «Dai-lhes vós mesmos de comer» (*Mc* 6,37). As pessoas têm necessidade de sair do anonimato e do medo, precisa ser conhecida e chamada pelo nome, caminhar segura nas estradas da vida, ser encontrada quando se perder, ser amada, receber a salvação como supremo dom do amor de Deus: é isto, precisamente, o que faz Jesus, o Bom Pastor; ele e os presbíteros com ele.

E agora, no final desta Exortação, dirijo o olhar à multidão de aspirantes ao sacerdócio, de seminaristas e de sacerdotes que, em todas as partes do mundo, mesmo nas condições mais difíceis e por vezes dramáticas, e sempre no alegre esforço de fidelidade ao Senhor e de incansável serviço ao seu rebanho, oferecem cotidianamente a própria vida pelo crescimento da fé, da esperança e da caridade, nos corações e na história dos homens e das mulheres do nosso tempo.

Vós, caríssimos sacerdotes, fazeis isto porque o próprio Senhor, com a força do seu Espírito, vos chamou para levar, nos vasos de barro de vossa vida simples, o tesouro inestimável do seu amor de Bom Pastor.

Em comunhão com os Padres sinodais e em nome de todos os bispos do mundo e da inteira comunidade eclesial nos vos exprimimos todo o reconhecimento que a vossa fidelidade e o vosso serviço merecem.[233]

E enquanto desejo a todos vós a graça de renovardes, cada dia, o dom de Deus recebido pela imposição das mãos (cf. *2Tm* 1,6), de sentirdes o conforto da profunda amizade que vos liga a Jesus e vos une uns aos outros, de experimentardes a alegria do crescimento do rebanho de Deus num amor sempre maior a ele e a cada homem, de cultivardes a persuasão tranqüilizadora de que aquele que iniciou em vós esta boa obra, a completará até ao dia de Cristo Jesus (cf. *Fl* 1,6). Com todos e cada um de vós me dirijo em *oração a Maria, mãe e educadora do nosso sacerdócio.*

Cada aspecto da formação sacerdotal pode ser referido a Maria como à pessoa humana que correspondeu, mais do que qualquer outra, à vocação de Deus, que se fez serva e discípula da Palavra até conceber no seu coração e na sua carne o Verbo feito homem para dá-Lo à humanidade, que foi chamada à educação do único e eterno Sacerdote o qual se fez dócil e submisso à sua autoridade materna. Com o seu exemplo e a sua intercessão, a Virgem Santíssima continua a estar atenta ao desenvolvimento das vocações e da vida sacerdotal na Igreja.

Por isso, nós, sacerdotes, somos chamados a crescer numa sólida e terna devoção à Virgem Maria, testemunhando-a pela imitação das suas virtudes e a oração freqüente.

---

233 Cf. *Propositio* 40.

Maria,
Mãe de Jesus Cristo e Mãe dos sacerdotes,
recebei este preito que nós vos tributamos
para celebrar a vossa maternidade
e contemplar junto de vós o Sacerdócio
do vosso Filho e dos vossos filhos,
ó Santa Mãe de Deus.

Mãe de Cristo,
ao Messias Sacerdote destes o corpo de carne
para a unção do Espírito Santo,
a salvação dos pobres e contritos de coração,
guardai no vosso coração
e na Igreja os sacerdotes,
ó Mãe do Salvador.

Mãe da fé,
acompanhastes ao templo o Filho do Homem,
cumprimento das promessas feitas aos nossos Pais,
entregai ao Pai, para sua glória,
os sacerdotes do vosso Filho,
ó Arca da Aliança.

Mãe da Igreja,
entre os discípulos no Cenáculo,
suplicastes o Espírito
para o Povo novo e os seus Pastores,
alcançai, para a ordem dos presbíteros,
a plenitude dos dons,
ó Rainha dos Apóstolos.

Mãe de Jesus Cristo,
estivestes com ele nos inícios
de sua vida e de sua missão;
Mestre o procurastes entre a multidão;
vós o assististes levantado da terra,
consumado para o sacrifício único eterno,
e tivestes perto João, vosso filho,
acolhei desde o princípio os chamados,
protegei o seu crescimento,
acompanhai, na vida e no ministério,
os vossos filhos,
ó Mãe dos sacerdotes.

Amem!

Dado em Roma, junto de S. Pedro, a 25 de Março, Solenidade da Anunciação do Senhor, do ano 1992, décimo quarto do meu Pontificado.

ANEXO

CARTA DO SANTO PADRE
JOÃO PAULO II
AOS SACERDOTES
POR OCASIÃO
DA QUINTA-FEIRA SANTA DE 1992

«Eu sou a videira verdadeira e meu Pai é o agricultor» (Jo 15,1).

Queridos Irmãos sacerdotes!

1. Seja-me permitido invocar, hoje, estas palavras do Evangelho de São João. Estão ligadas com a liturgia de Quinta-feira Santa: «Antes da festa da Páscoa, sabendo Jesus que chegara a sua hora» (*Jo* 13,1), lavou os pés dos seus discípulos, e em seguida, entreteve-se com eles em conversa particularmente íntima e cordial, como refere o texto joanino. É no quadro deste Discurso de Despedida, que nos aparece a alegoria da videira e dos ramos: «Eu sou a videira, vós as varas: quem está em mim e eu nele, esse dá muito fruto; porque sem mim nada podeis fazer» (*Jo* 15,5).

Desejo referir-me precisamente a estas palavras de Cristo, por ocasião da Quinta-feira Santa deste ano do Senhor 1992, ao oferecer à Igreja a Exortação Apostólica sobre a formação sacerdotal. Ela é fruto do trabalho colegial do Sínodo dos Bispos do ano de 1990, que foi totalmente dedicado a esse assunto. Elaboramos em conjunto um documento, muito necessário e esperado, do Magistério da Igreja, recolhendo nele a doutrina do Concílio Vaticano II, bem como a reflexão sobre as experiências dos 25 anos já passados desde a sua conclusão.

2. Quero, hoje, depor aos pés de Cristo, Sacerdote e Pastor das nossas almas (cf. *1Pd* 2,25), esse fruto da oração e reflexão dos Padres sinodais. E juntamente convosco desejo receber este texto, do altar do Redentor, cujo único e eterno Sacerdócio, durante a Última Ceia, de modo sacramental, nos foi comparticipado.

Cristo é a videira verdadeira. Se o eterno Pai cultiva a sua vinha, neste mundo, fá-lo na força da Verdade e da Vida que estão no Filho. Aqui se encontra o princípio incessante e a fonte inexaurível da formação de cada cristão e especialmente de cada sacerdote. No dia de Quinta-feira Santa, procuramos renovar, de modo particular, esta consciência e simultaneamente a disposição indispensável para conseguir permanecer em Cristo, sob o sopro do Espírito da Verdade, e poder produzir abundante fruto na vinha de Deus.

3. Ao nos unirmos na liturgia de Quinta-feira Santa, com todos os Pastores da Igreja, agradecemos pelo dom do sacerdócio de que participamos. Ao mesmo tempo, pedimos que, no mundo inteiro, respondam a este dom, os muitos cristãos solicitados pela graça da vocação, para que não faltem os operários da messe, que é grande! (cf. *Mt* 9,37).

Com este voto, envio a todos uma afetuosa saudação e a bênção apostólica.

Vaticano, dia 29 de Março — IV Domingo da Quaresma — do ano de 1992, décimo quarto de Pontificado.

Joannes Paulus M.ĩ

ÍNDICE

INTRODUÇÃO 5

CAPÍTULO I
ESCOLHIDO DE ENTRE OS HOMENS

A FORMAÇÃO SACERDOTAL PERANTE
OS DESAFIOS DO FINAL DO SEGUNDO MILÊNIO

O sacerdote no seu tempo 15
O Evangelho hoje: esperanças e obstáculos 17
Os jovens perante a vocação e a formação sacerdotal 22
O discernimento evangélico 27

CAPÍTULO II
CONSAGROU-ME COM A UNÇÃO E ME ENVIOU

A NATUREZA E A MISSÃO DO SACERDÓCIO MINISTERIAL

O olhar sobre o sacerdote 31
Na Igreja mistério, comunhão e missão 33
A relação fundamental com Cristo, Cabeça e Pastor 36
Ao serviço da Igreja e do mundo 42

CAPÍTULO III
O ESPÍRITO DO SENHOR ESTÁ SOBRE MIM

A VIDA ESPIRITUAL DO SACERDOTE

Uma vocação «específica» à santidade 51
A configuração a Jesus Cristo,
Cabeça e Pastor e a caridade pastoral 55

A vida espiritual no exercício do ministério 63

A existência sacerdotal e a radicalidade evangélica 72

A pertença e a dedicação à Igreja particular 82

«Renova neles a efusão do teu Espírito de santidade» 86

CAPÍTULO IV

VINDE VER

A VOCAÇÃO SACERDOTAL NA PASTORAL DA IGREJA

Procurar, seguir, permanecer 89

A Igreja e o dom da vocação 92

O diálogo vocacional:
a iniciativa de Deus e a resposta do homem 94

Conteúdos e meios da pastoral vocacional 101

Todos somos responsáveis pelas vocações sacerdotais 108

CAPÍTULO V

ESTABELECEU DOZE QUE ESTIVESSEM COM ELE

A FORMAÇÃO DOS CANDIDATOS AO SACERDÓCIO

Viver no seguimento de Cristo como os Apóstolos 113

I. AS DIMENSÕES DA FORMAÇÃO SACERDOTAL 116

A formação humana,
fundamento de toda a formação sacerdotal 116

A formação espiritual:
em comunhão com Deus e à procura de Cristo 122

A formação intelectual: a inteligência da fé 138

A formação pastoral:
comungar da caridade de Cristo, Bom Pastor 150

II. OS AMBIENTES DA FORMAÇÃO SACERDOTAL 157

A comunidade formadora do Seminário maior 157

O Seminário menor e as outras formas
de acompanhamento vocacional 165

III. OS PROTAGONISTAS
DA FORMAÇÃO SACERDOTAL 168

A Igreja e o bispo 168

A comunidade educadora do Seminário 170

Os professores de Teologia 173

A comunidade de origem
e as associações e movimentos juvenis 175

O próprio candidato 178

CAPÍTULO VI

EXORTO-TE A QUE REANIMES
O DOM DE DEUS QUE ESTÁ EM TI

A FORMAÇÃO PERMANENTE DOS SACERDOTES

As razões teológicas da formação permanente 181

As diversas dimensões da formação permanente 186

O significado profundo da formação permanente 193

Em todas as idades e condições de vida 202

Os responsáveis da formação permanente 206

Momentos, formas e meios da formação permanente 210

CONCLUSÃO 213

ANEXO 219

Rua Dona Inácia Uchoa, 62
04110-020 – São Paulo – SP (Brasil)
Tel.: (11) 2125-3500
http://www.paulinas.com.br – editora@paulinas.com.br
Telemarketing e SAC: 0800-7010081